BBC科学前沿

一本适合 8—88

好奇心大爆炸 ①
稀奇古怪的问题
和意想不到的答案

【英】彼得·本特利（Peter Bentley）等 / 编著

葛格 / 译

重庆大学出版社

图书在版编目（CIP）数据

稀奇古怪的问题和意想不到的答案 /（英）彼得·本
特利（Peter Bentley）等编著；葛格译. -- 重庆：重
庆大学出版社，2023.10
（好奇心大爆炸；1）
书名原文：Mind Blowing Q&A
ISBN 978-7-5689-4136-5

Ⅰ.①稀… Ⅱ.①彼…②葛… Ⅲ.①科学知识-青
少年读物 Ⅳ.①Z228.2

中国国家版本馆CIP数据核字（2023）第151824号

稀奇古怪的问题和意想不到的答案
XIQIGUGUAI DE WENTI HE YIXIANGBUDAO DE DA'AN

【英】彼得·本特利 等 ｜编著　　　葛格 ｜译

责任编辑：王思楠
责任校对：谢　芳
责任印制：张　策
装帧设计：马天玲

重庆大学出版社出版发行
出 版 人：陈晓阳
社　　　址：（401331）重庆市沙坪坝区大学城西路21号
网　　　址：http://www.cqup.com.cn
印　　　刷：重庆升光电力印务有限公司
开　　　本：787mm×1092mm 1/16　印张：8　字数：111千
2023年10月第1版　　2023年10月第1次印刷
ISBN 978-7-5689-4136-5　　　　定价：48.00元

你好！

生活中充满了各种各样的问题。为什么猫咪讨厌水？虚拟现实（VR）能欺骗你的大脑吗？小行星会将地球撞出轨道吗？为什么汗脚丫闻起来像奶酪？不用再感到疑惑了，因为我们会满足你的好奇心。这本书会回答大家各种各样稀奇古怪的问题，无论是关于人体、动物、太空、食物，还是其他方面的问题，比如，当宇宙飞船冲向太阳时会怎样（第56页），我们身体里的小虫子到底在干嘛（第94页）。你还可以了解到，苍蝇喜欢什么样的花（第89页），或者当我们在尼斯湖深处搜寻的时候会发现什么（第46页），以及为什么塑料并不那么美妙（第64页）。

如果你想亲自参与更多实践，那么我们有一些可以让你在厨房里完成的超棒实验。最重要的是，当完成之后，你还可以吃掉它们（第74页）！你更喜欢独角兽面条还是糖果水晶？

并且，这也不是本书的全部内容，科学家们还将探索令人毛骨悚然的洞穴（第106页），依偎在一起了解更多关于冬眠的知识（第102页）。

希望你们永远保持好奇心！

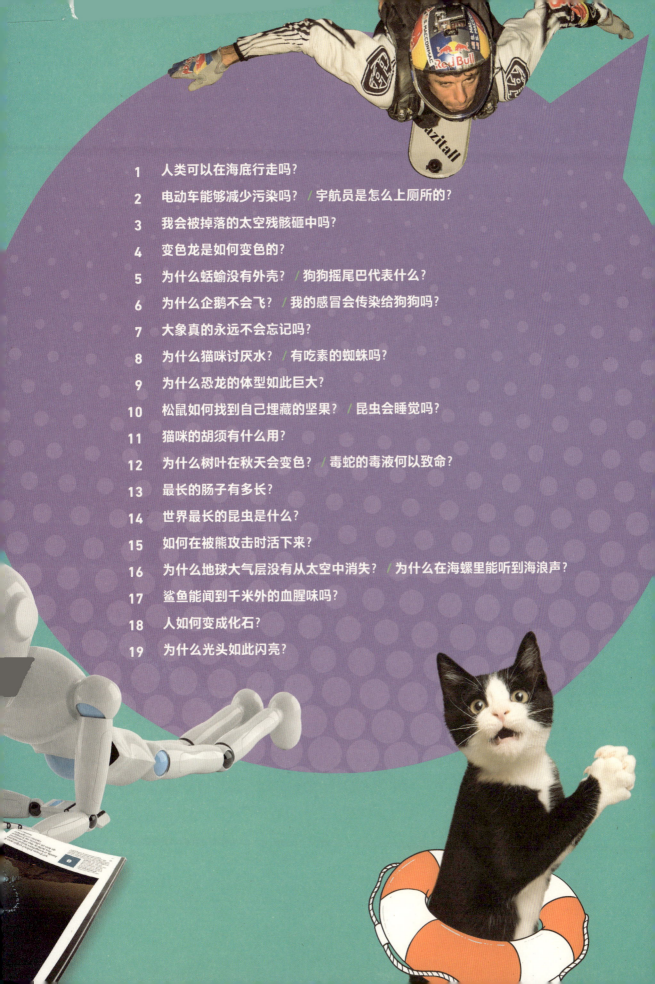

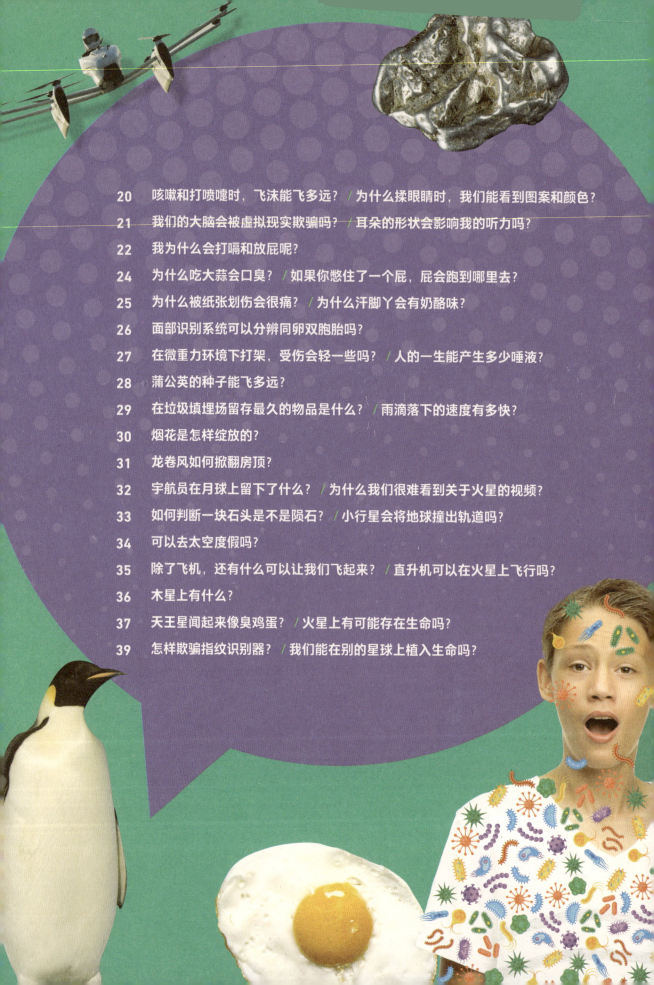

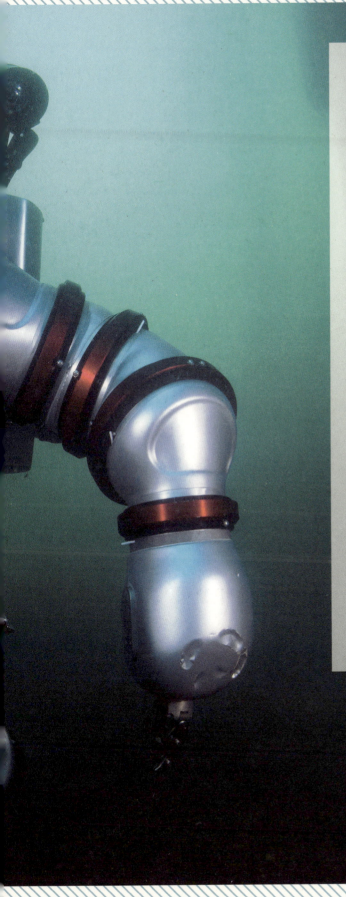

人类可以在
海底行走吗？

可以！只不过需要穿上特制的潜水服。这款潜水服在商店里是找不到的！这款被称为"Exosuit"的常压潜水服是由加拿大北温哥华市的海洋自动化企业Nuytco Research Ltd.制造的。这套潜水服由硬质铝制成，可用于世界各地海洋油田的建设工作。此外，它也被用来探索希腊安提基特拉岛附近海底的一艘拥有2000多年历史的沉船。

借助这套潜水服，潜水员可以潜到水下300米的深度自由活动。潜水服有完备的供氧装置，能为潜水员供氧长达50个小时。不过，潜水时间一般也就几个小时。

电动车能够减少污染吗？

电动车不会排放废气，因此可以明显改善城市的空气质量。但它们的环保程度取决于发电过程是否清洁环保。目前，大多数电力是通过燃烧煤、天然气和石油等化石燃料来获得的。因此，使用电动车会间接产生温室气体，特别是在大量使用煤电的国家。随着我们使用更多的风能、太阳能和潮汐能等可再生能源，电动车将变得更加环保。

宇航员是怎么上厕所的？

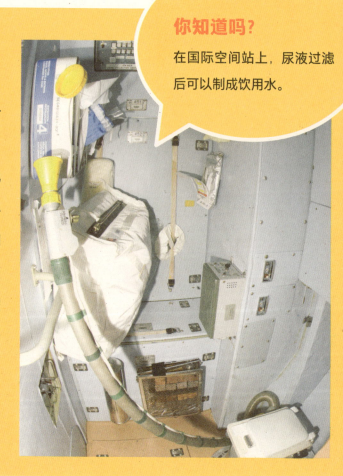

你知道吗？
在国际空间站上，尿液过滤后可以制成饮用水。

如果是"小号"，他们会把一个漏斗连接到一个接着电机的软管上，使其吸走小便。如果是"大号"，他们会小心翼翼地把自己放在一个大小和排水管差不多的洞上，并把他们的脚束在脚带里。"大号"排泄物被夹在一个袋子中，宇航员在方便后会将袋子密封起来，然后袋子会被吸进一个收集桶里。

国际空间站的厕所。黄色的漏斗是宇航员小便的地方

我会被掉落的太空残骸砸中吗？

  在地球轨道上运行的卫星超过4800颗，此外还有数以千计的太空垃圾和陨石。如果它们在穿过地球大气层后"幸存"下来，会不会砸向我们？也许会，只是被砸中的概率很低。地球表面大部分被海洋覆盖着（海洋面积约占71%），大部分陆地又无人居住。所以，欧洲航天局（European Space Agency，简称ESA）认为，我们被太空残骸砸中的概率不到十亿分之一。

变色龙是如何变色的？

变色龙会改变自身的肤色来进行交流、调节体温以及伪装自己。那它们是怎样变色的？多年以来，科学界普遍认为变色龙的皮肤上含有3种不同颜色的色素细胞，它们就是通过神经调控这些色素细胞来让自己变色的。但近年来的研究发现变色龙的变色是由透明的、被称为光子晶体的纳米物质控制的，光子晶体位于色素细胞（确实存在）下方的虹细胞层，变色龙可以调节这些晶体的结构来改变光线的折射，从而产生不同的变换效果。变色龙冷静时，光子晶体呈紧密的网状结构，只能反射出蓝色的光，其上层黄色色素细胞的反射光和蓝光组合就会呈现出变色龙通常的绿色身体。但把网状晶体的空隙调大后，变色龙就会改变被反射光线的颜色，反射出红橙黄等颜色，实现变色。

你知道吗？

不只是变色龙会变色，鱼类、两栖动物、乌贼等其他动物也会变色。

为什么蛞蝓没有外壳？

蛞蝓不是没有外壳的蜗牛，它和蜗牛是两种完全不同的动物。虽然蛞蝓没有外壳，但有些种类的蛞蝓体内可能有一个小小的壳酮。据悉，最早的软体动物是没有壳的，后来演化出小壳或内壳，最后才演化出外壳。虽然外壳可以保护它们，但负重前行减慢了爬行速度，所以，科学家推测蛞蝓是为了减轻体重而将外壳退化了。没有外壳，蛞蝓可以挤进那些对蜗牛来说无法进入的藏身之所。蜗牛为了保持外壳的坚固，还得吃很多含钙食物，而蛞蝓就不用为此操心！

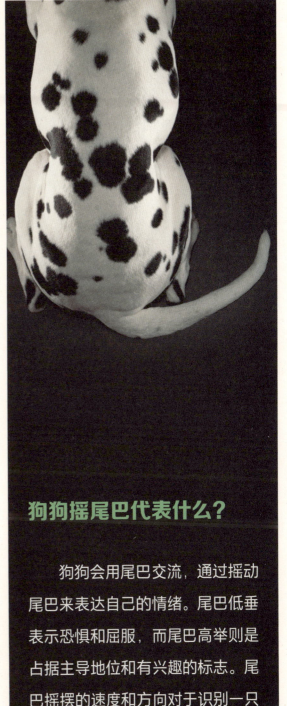

狗狗摇尾巴代表什么？

狗狗会用尾巴交流，通过摇动尾巴来表达自己的情绪。尾巴低垂表示恐惧和屈服，而尾巴高举则是占据主导地位和有兴趣的标志。尾巴摇摆的速度和方向对于识别一只狗狗是否焦虑、犹豫（缓慢或者朝向左边）、高兴以及放松（快速并朝向右边）而言非常重要。

为什么企鹅不会飞?

即使是最小的企鹅——小蓝企鹅(又被称为神仙企鹅),体重也有1千克,和银鸥差不多。但银鸥的翼展约有1.4米,相比之下,小蓝企鹅的翼展则短得多,只有32厘米。大约6200万年前,企鹅开始进化以适应在水下游泳,而不是在空中飞行。它们的骨骼中充满了沉重的骨髓,而不是空气,它们的胃也要大得多,可以储存很多食物,以便于进行长时间的离巢捕鱼。

我的感冒会传染给狗狗吗?

能引起普通感冒的病毒都是对某一物种而言相对特异的病毒。狗不能感染人类的感冒(反之亦然),它们有自己的感冒版本,叫作"犬窝咳"。不过,流感病毒的适应性很强,它能在不同物种之间传播,比如禽流感。而细菌性疾病的传染性更强,比如人类身上的结核病就可能传染给猫咪和狗狗。

大象真的永远不会忘记吗？

　　大象的大脑是陆生哺乳动物中最重的，大约有5千克，神经元数量有2000多亿个（是人类的3倍），其中与记忆相关的海马体神经元约占0.7%（人类约占0.5%），脑沟回很多，因此大象拥有惊人的记忆力。它们能够记住许多重要的生存信息，比如，数百千米以外的食物和水源，以及谁是朋友、谁是敌人。一个象群的族长（寿命长达60岁）可以认出200多头大象，并能对去世两年后的象群成员的叫声（人类记录播放）作出反应。因为黑市象牙买卖，大象被大量屠杀，游乐园表演背后的残酷驯化也对它们造成了永久的伤害。大象会忘记不需要记住的东西，但它们却会永远记得人类对它们曾经的伤害！

为什么猫咪讨厌水？

猫咪经常舔舐自己的毛发，这样可以防止皮肤油脂在毛发上堆积。因此，猫咪的毛发比狗狗的毛发更蓬松，防水性更差，如果被淋湿，它们会感到很冷，湿漉漉的毛发对它们而言也过于沉重。但并不是所有的猫都讨厌水，土耳其梵猫和孟加拉猫都喜欢游泳。

吉卜林巴希拉蜘蛛正在吃一块美味的相思树"贝尔塔体"

有吃素的蜘蛛吗？

世界上目前只发现了一种吃素的蜘蛛，在大约4万种蜘蛛中，吉卜林巴希拉蜘蛛是唯一一种"素食"蜘蛛。它生活在墨西哥和哥斯达黎加，主要以相思树（别名"阿拉伯胶树"）上名为"贝尔塔体"的物质为食。但即使是这种蜘蛛，也会偶尔吃蚂蚁幼虫，所以也许它更接近那种还在吃虾的素食主义者吧！

为什么恐龙的体型如此巨大？

　　不是所有类型的恐龙都朝着巨型化的方向生长，比如兽脚类恐龙就朝着小型化演化，以此开启了鸟类的起源进程。恐龙变得巨大，是多种因素导致的，既有环境因素也有生物本身的因素。恐龙生活的时期，气候比较暖和，植被丰茂，食草类恐龙得以巨型化，巨大的体型有助于抵御像霸王龙这样的掠食者。同时，肉食性恐龙也在变大，这样它们才能捕获巨大的猎物。从生物本身的因素而言，它们的繁衍方式、类似鸟的呼吸系统、取食方式以及新陈代谢都有助于它们巨型化。恐龙种类不同，巨型化的方式也不一样。无论巨型化还是小型化，都是各自基于生存的最佳选择。

松鼠如何找到自己埋藏的坚果？

　　曾经有人认为松鼠仅靠嗅觉来寻找埋藏起来的坚果，而且大部分的坚果都没有被找到。但实际上，松鼠的记忆力很好，它们在脑海中建立了一张"坚果藏宝图"，最终能找回自己分散埋藏的大部分冬粮。它们仍然会用嗅觉来寻找其他松鼠的藏身之处，而寻找自己埋藏的坚果则会更多地凭借惊人的空间记忆。或许，对坚果的痴迷能让它们听见埋藏在雪地里的坚果的深情"呼唤"——快来找我吧，快来吃掉我！

昆虫会睡觉吗？

　　是的，昆虫也会睡觉，但它们没有眼皮，所以不会像我们人类一样闭上眼睛睡觉。蟑螂在睡觉的时候，会把触角折下来，这有助于保护它们脆弱的感觉器官。

　　睡眠不足对昆虫的影响似乎与人类相似。实验表明，当果蝇被迫保持清醒时，它们在学习如何绕过简单的迷宫时，速度会比拥有充足睡眠的果蝇慢。

猫咪的胡须有什么用？

　　猫咪的胡须深深扎根于皮肤中，富含神经末梢，具有触觉感受器的功能。猫咪面部的胡须长度与身体的宽度大致相同，这有助于猫咪判断是否能够顺利通过眼前的小通道。猫咪胡须尖端的特殊感觉器官能够监测到猎物的距离、方向以及气味。胡须还能帮助猫咪侦测周围空气的流动情况，协调猫咪的行动，让猫咪即便在黑暗中捕猎也能得心应手。当有东西快碰到眼睛时，猫咪眼睛上的胡须能够迅速引起眨眼反射，从而保护它们的眼睛。

你知道吗？

你千万不要剪掉猫咪的胡须，这会让它们感到害怕并失去方向感。

为什么树叶在秋天会变色？

　　落叶树能感知季节的变化，在冬季会因为太冷而生长受限。所以在深秋时，落叶树会通过落叶的方式以减少水分流失。但它们并不是直接遗弃整片叶子，而是尽可能多地回收利用。在落叶前，树干会分解叶子上的叶绿素，然后将分解物质传送到树根，作为过冬的养料。叶绿素分解完后，叶子里面的其他色素——红色素和黄色素就会显露出来，这时人们就会看到叶子慢慢变成了黄色或者红色。

你知道吗？

一条黑曼巴蛇每次咬人时分泌的毒液剂量是人类致死剂量的12倍，也就是说它一次分泌的毒液足以毒死12人！

毒蛇的毒液何以致命？

　　毒蛇的毒液是从毒腺中分泌出的，主要成分是毒性蛋白质，另外还含有多种酶类和毒素，成分十分复杂。毒液不同，致死的方式也不一样。有一些毒液能麻痹神经，影响心脏；有一些毒液会腐蚀肌肉或导致血管渗漏。毒蛇可以控制每次分泌的毒液量，它们往往会分泌出比致命剂量更多的毒液，因为如果毒液不能迅速杀死猎物，猎物就有可能逃跑或者奋力反击而伤害毒蛇自己。这就是被毒蛇咬伤如此致命的原因。

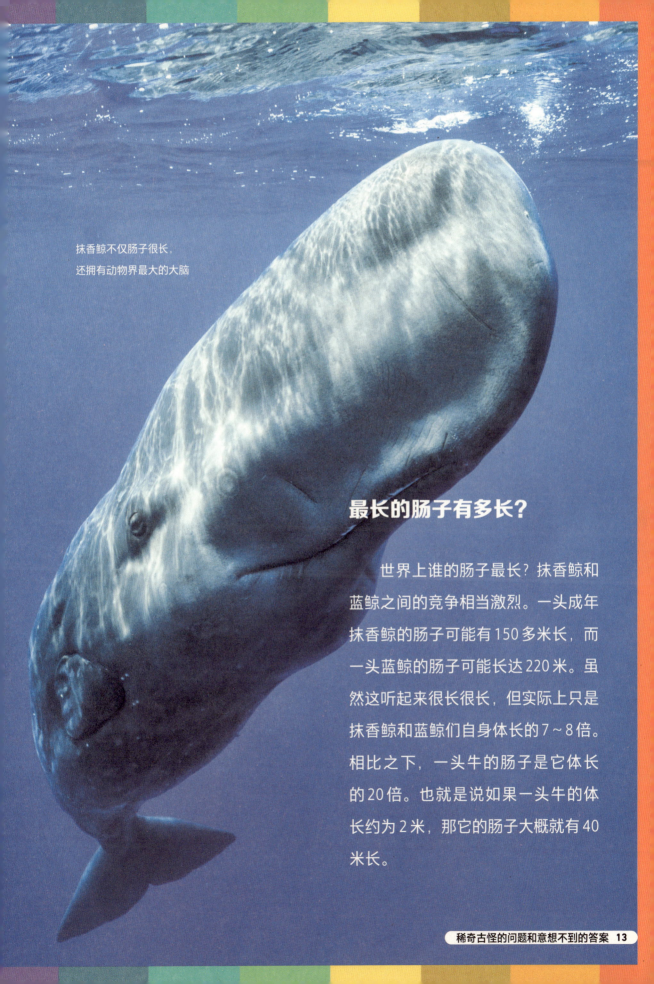

抹香鲸不仅肠子很长,
还拥有动物界最大的大脑

最长的肠子有多长?

世界上谁的肠子最长?抹香鲸和蓝鲸之间的竞争相当激烈。一头成年抹香鲸的肠子可能有150多米长,而一头蓝鲸的肠子可能长达220米。虽然这听起来很长很长,但实际上只是抹香鲸和蓝鲸们自身体长的7~8倍。相比之下,一头牛的肠子是它体长的20倍。也就是说如果一头牛的体长约为2米,那它的肠子大概就有40米长。

世界最长的昆虫是什么？

这只腿又细又长的中国巨竹节虫，身长62.4厘米，是世界上最长的昆虫。它是昆虫学家赵力在中国南部广西地区的一座山上发现的。赵力把它带回了成都华希昆虫博物馆，这只中国巨竹节虫产下了6枚卵，并成功孵化5枚。此后，赵力还将人工繁育出的15只幼虫放归了广西大瑶山国家级自然保护区，以恢复中国巨竹节虫的野生数量。

如何在被熊攻击时活下来？

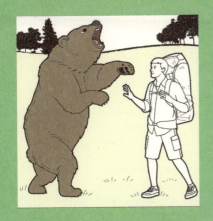

1. 不要跑

黑熊、棕熊和北极熊都能跑得比你快，逃跑会引发熊的捕食本能，使其更有可能发动攻击。爬树可能有助于对付棕熊，但黑熊是优秀的攀爬者。站在原地不动或慢慢后退是更好的战术，即使黑熊正在发动进攻。

2. 不要开枪

想要用枪阻止一头愤怒的熊到达你面前，你必须瞄准它，但往往很难一击毙命。使用胡椒喷雾会更有效。胡椒喷雾会在你和熊之间形成一堵雾气墙，能让你趁机逃走。这样一来，不需要使用枪，也不需要激怒熊，你就能逃之夭夭。

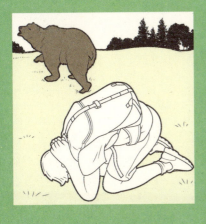

3. 不要惊慌

黑熊有时会被打跑，尤其是你打到它们的鼻子或眼睛时。如果遇到棕熊，你可以装死。装死的时候，背上背包，双手互扣在脖子后面，蜷缩在地上。在那里静静地待上至少半个小时，棕熊通常会在旁边等着以检验你是否真的死了，所以你需要随机应变。

为什么地球大气层没有从太空中消失？

地球的大气层由大量的气体和蒸汽粒子组成，是地球的保护膜。没有这层保护膜，地球就会被太阳炙烤成一个沙漠星球。那为什么大气层会一直附着在地球上空呢？原因有二：一是地球的引力会将大气中的大部分气体和尘埃固定在原地，只有少部分逃逸至外太空；二是地球的磁场就像一把巨伞，可以阻挡太阳风剥离大气层。很幸运的是，我们的星球距离太阳不远不近，占据地理优势，如果离太阳很近，就算有大气层保护也无济于事。

为什么在海螺里能听到海浪声？

海螺里的声音并不是大海的声音，这与海螺来自大海无关。实际上，海螺里面的声音是白噪声。白噪声是一种低频、信号均匀且不太引人注意的声音，如淅淅沥沥的雨声，它可以辅助治疗一些神经系统疾病。由于海螺的开口较小，里面的构造弯曲，白噪声进入海螺里面，就很容易通过共振放大，你听到的海浪声就是白噪声放大的声音。只需用手捂住耳朵，你就能听到类似的声音。

鲨鱼能闻到千米外的血腥味吗？

你会闻到气味，那是因为气味分子已经溶解在空气中了。带有气味分子的空气进入鼻子湿润的内壁后，你就会闻到气味。在水下也是如此，只不过气味分子是溶解在水中。鲨鱼能在千米外闻到一滴血的腥味，这其实是夸大其词。鲨鱼与其他鱼类的嗅觉大致相同，能检测到的气味浓度在2500万分之一到100亿分之一之间，这取决于气味分子和鲨鱼的种类。最厉害的鲨鱼能闻到一个小游泳池里一滴血的血腥味。

你知道吗？

世界上最小的鲨鱼是侏儒额斑乌鲨（Dwarf Lantern Shark），它的体长大概只有20厘米，是生活在南美洲北岸深海里的迷你鲨鱼。

人如何变成化石？

1. 合适的死亡地点

化石易在缺氧的环境中形成，缺氧环境可以防止细菌侵入身体，减缓身体腐烂速度。这种条件适宜化学反应，可以让坚硬的矿物质取代身体的软组织，逐渐石化。溺亡或者掩埋在死水湖里以及冰冷的海里都利于形成化石。

2. 被迅速掩埋

被掩埋在沉积物下既可以防止动物啃食尸体，也可以保护骨骼不被洋流冲散。与河流交汇处的浅海有利于形成化石，因为流入海里的河流会不断地将死去的浮游生物和沉积物冲刷下来将尸体掩埋。不过，至少需要1万年的时间尸体才能变成化石。

3.更容易被发现

　　化石位于向上抬升的地球板块是利于被发现的，板块的抬升运动会把化石抬到海平面以上的地方，让化石更容易暴露于世，被人发现。板块构造的边缘以及正在向下俯冲的板块都不利于化石的形成和发现，因为板块构造边缘是活动地带，板块的挤压与扩张、爆发的火山与地震都足以摧毁化石，而向下俯冲的板块，很有可能将化石推向地心，然后它将被高温熔化。

为什么光头如此闪亮？

　　实际上，你身体上的大部分皮肤都覆盖着一层细小的毛发，这些毛发会让你的皮肤看起来像天鹅绒般毛茸茸的。当人秃顶时，头皮上的毛囊会萎缩，变成皮肤细胞，导致头上不会有任何毛发。头皮上的皮脂腺会分泌油脂，由于光头没有头发去吸收油脂，所以油脂会覆盖在头皮上，形一个均匀的反射表面，当光照射在上面时，就会被反射，这会让光头看起来更有光泽。更重要的是，有研究表明活跃的皮脂腺可能是开始脱发的重要原因。

咳嗽和打喷嚏时，飞沫能飞多远？

当有人站在我们旁边咳嗽时是很可怕的，因为我们知道这可能会让我们生病。但根据美国麻省理工学院科学家的研究，我们应该担心的不仅是旁边的人，因为咳嗽时会喷出飞沫，最远可达6米，打喷嚏可达8米。这些飞沫在空气中的停留时间长达10分钟！

为什么揉眼睛时，我们能看到图案和颜色？

科学家把这种现象称为"光幻视"，早在古希腊时代的医学文献中就有记载。揉眼睛会增加眼球内的压力，这种压力就像光线一样会激活视网膜上的细胞。你的大脑无法区分是人为按压还是光线刺激，就会将手施加的压力误判成你看到的来自外部世界的光，所以在没有光线进入眼睛的情况下，你还是能够看到一些图案和颜色。

科学小常识
视网膜在眼球的后部内侧，它首先将光线转化为信号，然后传送给大脑。

我们的大脑会被虚拟现实欺骗吗？

事实上，虚拟现实（VR）很会迷惑我们的大脑，它可以用各种方式来欺骗大脑。不过，如果虚拟现实的渲染速度跟不上大脑的加工速度就会让人感到眩晕，产生晕动症。比如你坐在飞行模拟器内，模拟器突然做出了快速机动动作，比如翻滚，而由于渲染速度慢，你眼前观看到的VR场景没有跟上快速机动时本应看到的场景，这种视觉和前庭感觉的不匹配就会让大脑产生迷惑：我到底是在怎么运动？从而产生晕动症状。

耳朵的形状会影响我的听力吗？

耳朵的外侧部分叫作耳郭，耳郭可以收集声音并定位声音的来源，所以它的形状会影响听力。移动你的头或者弯折你的耳郭，尝试着去听一个稳定的声音，你会发现声音会产生一些变化。科学家曾做过一个实验，让志愿者戴上假耳朵，在长达6周的试验期里，志愿者都难以定位声音的来源。当去掉假耳朵后，他们并没有失去原本的听声辨位能力，可见耳朵的形状确实会影响听力。

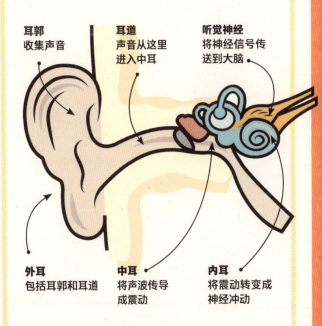

耳郭
收集声音

耳道
声音从这里进入中耳

听觉神经
将神经信号传送到大脑

外耳
包括耳郭和耳道

中耳
将声波传导成震动

内耳
将震动转变成神经冲动

我为什么会打嗝和放屁呢？

1. 吃东西和喝水

每吃一口食物或饮料，就会吞下几毫升的空气。如果饮用气泡饮料又会增加1毫升左右的二氧化碳。

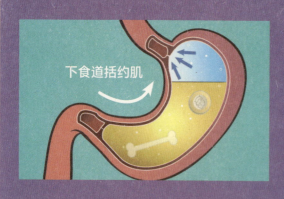

下食道括约肌

2. 气体分离

气体从胃里的食物中分离出来，并压迫下食道括约肌，使胃的顶部封闭。

嗝儿~~

3. 括约肌张开

最终，压力迫使括约肌打开，空气冲出。打嗝声是由括约肌和食道壁的振动引起的。

每个人每天都会通过打嗝或放屁排出约2.5升的气体，这些气体来自我们呼吸的空气，我们喝的饮料，以及我们肠道中的细菌。

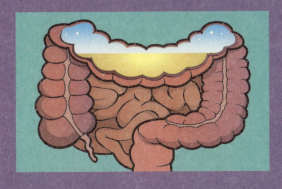

1. 细菌作用

少量吞下的空气会进入肠道，但肠道里的大部分气体是由帮助我们消化食物的细菌产生的。

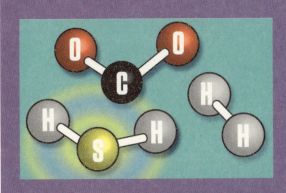

2. 臭臭的硫化物

肠道里的气体主要是氢气和二氧化碳，而臭味则来自少量存在的硫化物。

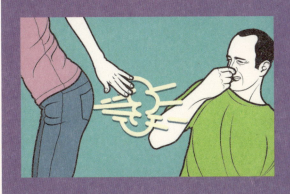

3. 怎样分辨是屁屁还是臭臭

屁股上的神经末梢可以分辨出是气体的堆积，还是固体的便便，所以你可以放心地放屁。

为什么吃大蒜会口臭？

生蒜切碎后，会产生很多化学物质，比如具有刺激性气味的含硫物质——大蒜素（$C_6H_{10}OS_2$，学名为"二烯丙基硫代亚磺酸酯"）。当你吃了大蒜后，口中会留有大蒜素，刷牙能够减轻这种气味。大蒜进入胃后，大部分化学物质会被胃液分解掉，但其中一种叫作"烯丙基甲基硫醚"（AMS）的化学物质会被保留下来。AMS无法继续降解，只有通过呼吸、汗液、尿液被排出体外，也就是说散发大蒜臭味的它会在你的体内留存两天之久。

你知道吗？

研究显示，在吃了含有大蒜味儿的食物后吃一些苹果或者薄荷叶，可以减少口臭。

如果你憋住了一个屁，屁会跑到哪里去？

屁大多来自大肠内的细菌和酵母菌产生的气体。如果你只是暂时憋住了一个屁，这个屁也许会安静地随着血液进入全身循环，又或者回到大肠内，等下一次放屁时再出来。如果长期憋屁，憋回去的屁可能会被血液吸收，随着血液循环到达肺部，然后从你的嘴里出来（口臭也许就是憋屁所致）。总之，憋回的屁迟早是要出来的！

为什么被纸张划伤会很痛？

表面上看，纸张的边缘平整光滑，但从微观上看，纸张的边缘其实是粗糙锋利的"锯齿"。金属刀划伤人，干净利落，但纸张的边缘就像锯子割肉一样，对细胞和神经末梢的伤害更大。而且，纸张内部充满孔隙，是细菌的家园，在划伤人时，微小的纤维、化学残留物以及细菌会留在伤口上，这对伤口的刺激更大，因此你会感觉到很痛。

为什么汗脚丫会有奶酪味？

用于发酵奶酪的细菌也生活在我们的皮肤上，它们能够吃掉一些死皮细胞。有一种叫作短杆菌的微生物，它释放出的化学物质闻起来就像奶酪。还有一种啃食皮肤的表皮葡萄球菌，它产生的异戊酸闻起来有一股奶酪味和醋味。汗脚丫混合味的最后一种成分是丙酸杆菌，它能将汗液变成有酸味的丙酸。

面部识别系统可以分辨同卵双胞胎吗？

同卵双胞胎是判断面部识别系统是否精准的检测师。当Windows 10推出时，有人想知道双胞胎是否能骗过"Windows Hello"这个使用面部和虹膜识别的解锁系统。澳大利亚的一家报社用6对同卵双胞胎进行了测试，结论是"Windows Hello"解锁系统确实能够分辨出同卵双胞胎。

在识别人脸方面，人类更擅长判断一个人看起来是快乐、悲伤、愤怒还是犹豫不决。而计算机则更擅长测量面部特征的大小和形状。"Windows Hello"结合了网络摄像头、红外摄像头和红外激光投影仪等设备，在很大程度上改善了传统的解锁系统，就算是同卵双胞胎也难逃"法眼"。

你知道吗？

眼睛中的有色部分被称为虹膜，它位于角膜和晶状体之间。每个人的虹膜都是独一无二的，即使是同卵双胞胎，虹膜的图案也不相同。

在微重力环境下打架，受伤会轻一些吗？

在微重力环境下，攻击者是漂浮着的，不能稳稳地站在航天器的地板上，因此他们的拳头打在身上时是轻飘飘的。而且，在他们的身体向后退时，拳头的部分攻击力会被消耗掉，所以伤害性较小。但是，当两个人的身体被推到航天器的壁上时，他们就会反弹回来。如果此时再出击，拳头将会因为身体的反弹而获得更强的攻击力，打得就会更狠，人受到的伤害也会更重。

53 个

人的一生能产生多少唾液？

人的唾液大部分都是循环使用的，因为你会不断地吞咽和重新吸收唾液。唾液的流速是每小时 30 毫升左右，吃东西的时候多一些，睡觉的时候少一些。这相当于每天喝了一整瓶唾液，人的一生中大概总共要吞咽 2 万升唾液，相当于 53 个装满了唾液的浴缸！

蒲公英的种子能飞多远？

　　大约99.5%的蒲公英种子会落在距离它们"父母"10米以内的地方。这是因为种子"降落伞"以每秒30厘米的速度落下，而蒲公英大约只长了30厘米高。所以每粒种子大概只有1秒钟的飞行时间，摇摇晃晃地抵达新家。每7000粒种子中只有1粒种子能传播到1千米外。

在垃圾填埋场留存最久的物品是什么？

① **玻璃瓶**

降解所需的时间：100万年

② **一次性尿不湿、塑料瓶**

降解所需的时间：450年

③ **塑料袋**

降解所需的时间：200～500年

④ **铝制易拉罐**

降解所需的时间：80～200年

⑤ **带橡胶底的鞋**

降解所需的时间：50～80年

⑥ **马口铁罐**

降解所需的时间：50年

⑦ **衣服**

降解所需的时间：最多40年

⑧ **塑料薄膜（包括保鲜膜、杂志外包装、薯片袋子等）**

降解所需的时间：20～30年

⑨ **纸制咖啡杯**

降解所需的时间：20年

雨滴落下的速度有多快？

2毫米　　　5毫米

23.4千米/小时　　32千米/小时

雨滴降落的最大速度取决于雨滴的大小。小雨中的雨滴直径约为2毫米，落下的速度约为6.5米/秒或者23.4千米/小时。最大的雨滴直径为5毫米，一般会以32千米/小时的速度落地。

烟花是怎样绽放的？

　　节日的夜空，声色俱全。很多人都喜欢"火箭"，因为"火箭"里面装了很多"星星"（爆炸弹），当点燃火药把"火箭"发射到空中后，里面的"星星"就会蹦出来，在夜空中尽情地闪耀，绽放出一朵朵璀璨的烟花。

1.电子点火器

绽放中的烟花通常与音乐同步。烟花是通过电线发出的信号触发的，信号同时还会触发点火器装置。

2.点火器装置

点火器装置是一个由电线制成的小型电热装置，当它发热后足以点燃镁粉和硝酸钾的混合物，继而触发升空火药和定时引信。

3.升空火药

升空火药能为"火箭"提供向上的推力。升空火药中含有硫、木炭和硝酸钾。商业烟花制作时，会使用不含硫的火药，以减少烟花烟雾的浓度。

4.黏土喷嘴

"火箭"底部有一个特殊形状的孔，可以引导升空火药在点燃时产生气体，制造上升推力。

5. 定时引信

"火箭"中空的木管里装满了火药。它的设计是为了在"火箭"到达最高点时被烧穿，以引爆主烟花。

6. 散落火药

另一包火药被塞进烟花中心的纸板或塑料球中。当引信到达时，爆炸会使烟花的外壳破裂，并将里面的"星星"火药抛向四面八方。

7. 星状火药

星状火药是由不同金属组成的颗粒，通过燃烧会产生不同的颜色和效果。例如，铜可以产生绿色的图案，而锶可以产生红色的图案。烟花的内部可能有自己较小的星芒、喷泉或针轮。

龙卷风如何掀翻房顶？

在美国，大约有三分之一的龙卷风的强度足以将屋顶掀翻。龙卷风是通过压力差来掀翻屋顶的：快速移动的风会使屋顶的压力骤然下降，而屋子里面的空气流动速度很小，所以压力远远大于外部屋顶的压力。由此产生的内外压力差就足以将屋顶掀翻。

宇航员在月球上留下了什么？

把人类带到月球上的阿波罗号宇宙飞船，如果超过一定重量，就不能从月球飞回地球。由于宇航员想采集大量的月球岩石带回地球，为了减轻重量，他们不得不留下一些不需要的物品。这些被丢弃的物品包括几个高尔夫球、12台相机、12双靴子、一台镀金望远镜和96袋大小便以及呕吐物！在月球上，没有风、阳光和水来侵蚀或溶解这些被丢弃的物品，所以这些物品会在很长一段时间内保留原样，只不过留在那里的旗帜会被强烈的紫外线"漂白"。

你知道吗？

尼尔·阿姆斯特朗（Neil Armstrong）在1969年登月时身穿的太空服是由一家女士胸衣制造商生产的。

为什么我们很难看到关于火星的视频？

美国国家航空航天局（National Aeronautics and Space Administration，简称NASA）接收一张来自火星的高分辨率彩色照片就需要几个小时，而视频比照片更大，在传输速度不提高的情况下，从火星传视频回地球需要大量时间。工程师正在研究如何使用红外技术以提供更高的数据传输速度。2021年2月，毅力号探测器已成功传回一段在火星上寻找生命迹象的视频。

如何判断一块石头是不是陨石？

先找一块磁铁试试。许多陨石富含铁，所以它们可以被磁铁吸附。接下来，看看石头的表面是否有燃烧或者融化的痕迹，这是它们在穿过大气层时留下的痕迹。如果这两种情况都存在，就请去实验室检测一下这块石头的内核，根据岩石里面的结构和成分来判断它到底是不是陨石。如果是，再判断它属于哪类陨石。

科学小常识

陨石是坠落到地球上的太空岩石。如果它在大气层中开始燃烧，就被称作"流星"。

小行星会将地球撞出轨道吗？

不会。地球的质量很大，并且围绕太阳公转的速度极快。从力学角度来看，地球的"动量"（物体的质量与速度的乘积）很大，要想将地球撞出公转轨道，就必须狠狠地撞击地球，彻底改变地球的"动量"。然而，即使是最大的小行星也无法做到这一点。

可以去太空度假吗？

你喜欢提前做好旅行计划吗？美国太空科技公司"猎户座"（Orion Span）声称，他们打造的"极光空间站酒店"将满足人们太空旅行的愿望。想去太空旅游的你，做好准备了吗？

如果计划顺利，你的旅程将从美国佛罗里达州的开普卡纳维拉尔（Cape Canaveral）开启。在那里，你将在距离地球表面320千米的地方登上极光空间站酒店，然后在上面逗留12天。

不过去太空旅行的费用十分昂贵，每人将为这次旅行花费950万美元（约6650万人民币），所以你最好从现在开始把你的零花钱存起来。此外，你还必须在旅行前完成三个月的培训，其中大部分培训可以在网上完成。

一旦进入太空，你就可以在零重力的环境下四处漂浮。你还可以参加一些有趣的实验，比如尝试在空间站里种植食物（有人想吃太空沙拉吗？）。极光空间站酒店每90分钟完成一次环绕地球的飞行，所以你将有很多机会注视着你最喜欢的地方。你可以连接空间站的高速网络，将你拍摄的任何照片发布到社交网络，分享给地球上的朋友和家人。

 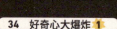

除了飞机，还有什么可以让我们飞起来？

　　这是一个可以被加入圣诞礼物清单里的东西 —— 一架轻巧的单人飞行器。只需经过几个小时的训练，你就可以亲自驾驶它。

　　由美国初创公司"雏鹰"（Kitty Hawk）打造的单人飞行器，有10个由电池驱动的螺旋桨，重113千克。飞行器有两个控制装置：一个操纵杆控制方向，一个滑块控制速度。一台机载的计算机可以让飞行器保持稳定的飞行水平。除此之外，没有显示屏，也没有其他装置。

　　它可以飞行至3米的高度，最快速度能达到每小时32千米。每次电池可提供20分钟的动力。虽然它不太可能让你在假期的时候飞到西班牙，但是我们仍然觉得它看起来非常有趣！

直升机可以在火星上飞行吗？

　　美国国家航空航天局已经制造了一架可以在火星上飞行的直升机，以此作为火星2020漫游任务的一部分。这架直升机重量不足2千克，有两个交叠的旋翼，以近3000转/分的速度向相反方向旋转，旋转速度是地球上普通直升机的10倍。这样的设计可以令直升机在稀薄的火星大气中保持飞行状态。它的电池通过太阳能充电，并装有加热装置，以防止在火星寒冷的夜晚被冻坏。2020年7月30日，这架直升机随着毅力号火星车一起向火星出发，并在2021年的2月一起成功着陆火星！

木星上有什么？

这张令人惊叹的木星南极照片是由美国国家航空航天局的朱诺太空探测器在2018年年初拍摄的。朱诺在进行近天体探测飞行时，拍摄到了太阳系中独一无二的漩涡风暴团。

朱诺在2016年7月进入木星轨道。它曾多次在木星上空将镜头聚焦放大，从云层深处窥视下方的大气，研究那里的极光、大气结构和天气。

朱诺搜集的信息显示，猛烈的气旋深入木星大气层。在木星的北极有一个中心气旋，周围有8个较小的气旋，同样在木星南极也有1个中心气旋，周围有5个较小的气旋。木星就像隐藏在黑暗中的异瞳，充满了神秘。

你知道吗？

极光是一种自然现象，源于太阳的带电粒子与行星大气层中的粒子相互作用，在天空中创造出漩涡状的闪烁色彩。极光不仅出现在地球的南北极，也会出现在太阳系的其他行星上。

天王星闻起来像臭鸡蛋？

如果有机会享受太空度假，我们可能不会想去天王星——它显然有点臭！科学家通过光谱仪分析天王星发出的红外线后了解到，天王星的高层大气中含有硫化氢（H_2S）。硫化氢的气味就像臭鸡蛋散发出的臭味。"但这还不是最糟糕的。暴露在主要由氢气、氦气和甲烷组成的−200℃的大气中，会让人在还未闻到臭味之前，就先感受到窒息的痛苦。"领导研究天王星的牛津大学的帕特里克·欧文（Patrick Irwin）教授说。

火星上有可能存在生命吗？

2018年7月末，欧洲航天局的科学家宣布了一项重大发现——火星上存在液态水。科学家利用火星快车号探测器，在火星南极地区的冰川下发现了一个冰下湖泊。自2003年12月以来，火星快车号探测器一直围绕着火星飞行。

虽然火星表面气温很低，水不可能以液态形式存在，但两极厚厚的冰层就像一个冰屋，将火星内核发出的少许热量困在里面。这些热量逐渐融化了内部冰层，于是就形成了一个冰下湖泊。

火星的冰下湖泊与地球上的沃斯托克湖（Lake Vostok）有很多相似之处，沃斯托克湖位于南极洲4千米深的冰层之下。科学家认为，在沃斯托克湖中可能存在未被发现的微生物，同样，在火星的冰下湖泊中也可能存在生命。

四处漫延的岩浆

在这里，夏威夷基拉韦厄火山喷发的岩浆浩浩荡荡地漫过乡村，吞噬了一切。这座火山自1983年开始喷发后，便一直没有停歇过，是目前世界上最活跃的火山之一。在2018年5月初，它又喷发了一次。岩浆从地面的裂缝中喷出，吞噬了附近的700多间房屋。最终在2018年9月中旬时，火山喷发才有所缓减。

怎样欺骗指纹识别器？

指纹识别技术应用广泛，非常方便安全，但也存在隐患，指纹识别器也有被欺骗的时候。比如用橡皮泥似的物质制作的指纹膜，就可以欺骗低端的指纹识别器。有些指纹识别器还会被粘在胶带上的指纹所欺骗，甚至连指纹影印本都可以蒙混过关。有时候，人们都不知道"以假乱真"的指纹的主人是生是死！

科学小常识

科学家认为，生命存在的前提是有水的存在。在太阳系中，可能繁衍出生命的候选行星是火星、土星的卫星恩克拉多斯以及木星的卫星欧罗巴。

我们能在别的星球上植入生命吗？

这很有可能，但我们不能随意制造生命，所以科学家会防止这种情况发生，特别是在执行太空任务的时候。太空探测器在发射前要经过高温、辐射和消毒处理，以确保没有地球上的生物最终进入太空。

2017年，卡西尼号探测器燃料将尽，美国国家航空航天局将它引入了土星的大气层中。在那里它安全地燃烧起来，从而结束了卡西尼号的探索任务。科学家不希望卡西尼号意外地撞上冰冷的卫星恩克拉多斯，因为恩克拉多斯很可能会繁衍出生命。

入侵计算机是不是越来越难了？

随着计算机系统安全性的日渐提高以及复杂化，现在要想入侵计算机是一件很困难的事。与20年前相比，黑客攻击计算机电脑系统的难度提高了很多。然而世界上的互联网设备越来越多，其中有许多设备的运行机制都相对简单，比如智能手表、智能手机、游戏机和视频监控等。因此，黑客有很多机会入侵这些运行相对简单的设备。

计算机可以像人类一样学习吗？

为了让计算机具备学习能力，我们使用了与人类脑细胞工作方式相同的程序去训练计算机。这些程序由许多数据组成，会不断地训练计算机，直到计算机能够找到一种模式，可对下一步可能发生的事情进行预测。但计算机始终无法做到像人类一样学习复杂的概念以及拥有不同的想法。目前，我们仍然没有完全弄明白人类的大脑是如何工作的，所以计算机在几百年内都不可能像人类一样善于学习。

超级计算机是用来做什么的？

最好的超级计算机会占满整个房间，造价数千万美元，运行速度比你的家用计算机快几百万倍。它们通常用于处理涉及大量计算的复杂科学问题。有些用于测试计算机安全方法的强度。它们还被用来寻找猪流感的传播途径，预测气候变化，甚至用来模拟宇宙之初的大爆炸。

"超级食物"是什么？

所谓的"超级食物"并没有科学的定义。含有大量抗氧化剂的水果，如蓝莓和猕猴桃，往往在超级食物榜上名列前茅。有说法称，抗氧化剂可以对抗体内的有害物质，但有研究表明，消化系统会破坏抗氧化剂的大部分功能。即便如此，被列入"超级食物"榜单的食物都是健康的，会丰富和均衡我们的饮食。

如何用口香糖做胶鞋？

在荷兰，每年大约有150万千克的口香糖被粘在人行道上。一些公司处理并回收了粘在街道上的口香糖，用这些回收的口香糖制造了一种叫"Gum-Tec"的材料。他们用"Gum-Tec"制作了适合运动的"胶鞋"，这种胶鞋有泡泡糖粉色和黑色两种颜色。

为了庆祝这种胶鞋的发明，每只鞋底都印有阿姆斯特丹（荷兰首都）的街道地图。这些公司也希望将该项目推广到荷兰的其他主要城市。

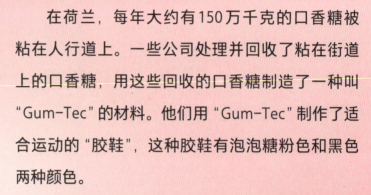

塑料垃圾能全部回收再利用吗？

在加热时，大多数塑料要么变软，要么变硬。变软的塑料可以被塑造成任何你喜欢的形状，这也使得它们很容易被回收。例如，牛奶包装盒可以熔化后变成家具，塑料水瓶可以变成摇粒绒外套，瓶盖可以回收制作储物盒，从而获得新的"生命"。加热后变硬的塑料几乎不可能回收，因为它们无法熔化，重新塑造成新的物品。

火箭引擎

这是土星 5 号运载火箭的发动机和排气管的特写。这枚火箭是美国国家航空航天局为了将宇航员送上月球，执行阿波罗任务而制造的。这枚火箭非常巨大，高达 111 米。

我们可以飞起来吗？

有一款名为"空中飞板"（Flyboard Air）的新型喷气动力悬浮板问世，人们可以借助它达到3000米的高度，并以140千米/小时的速度飞驰。在拥有整箱燃料的情况下，它可以持续飞行10分钟，抵达4千米之外的地方。

"空中飞板"的发明者弗兰基·萨帕塔（Franky Zapata）是唯一接受过"空中飞板"飞行培训的人。该公司还有一个叫作"EZ-Fly"的更安全的版本。设想一下，你也可以踏着飞板在天空滑行。不过在此之前，你所要做的是用空余时间参加培训，拥有较高的收入，以及勇往直前的胆量。

尽管有人对"空中飞板"的运动性能表示怀疑，但人们还是相信，人类的飞天梦想不是妄想。

表演杂技的机器人

迪士尼的新型特技机器人可以像空中飞人表演高手一样在空中翻转，并且每次都能完美地落到网上。

起初，迪士尼的研究人员创造了"火柴棒机器人"（Stickman），这是一个肢体纤长轻薄的机器人，它能够收拢成Z字形，以实现平稳的后空翻。研究人员在改进"火柴棒机器人"的基础上，推出了一款新型的特技机器人（Stuntronics）（如图）。

这款新型特技机器人重41千克，可以在从钢丝末端被甩出后，完成翻筋斗、转体等动作，最后还能伸直它的双腿减速并完美降落。

迪士尼的目标是创造出逼真的机器人，让它们在迪士尼主题公园里表演炫目的杂技特技。且让我们拭目以待吧。

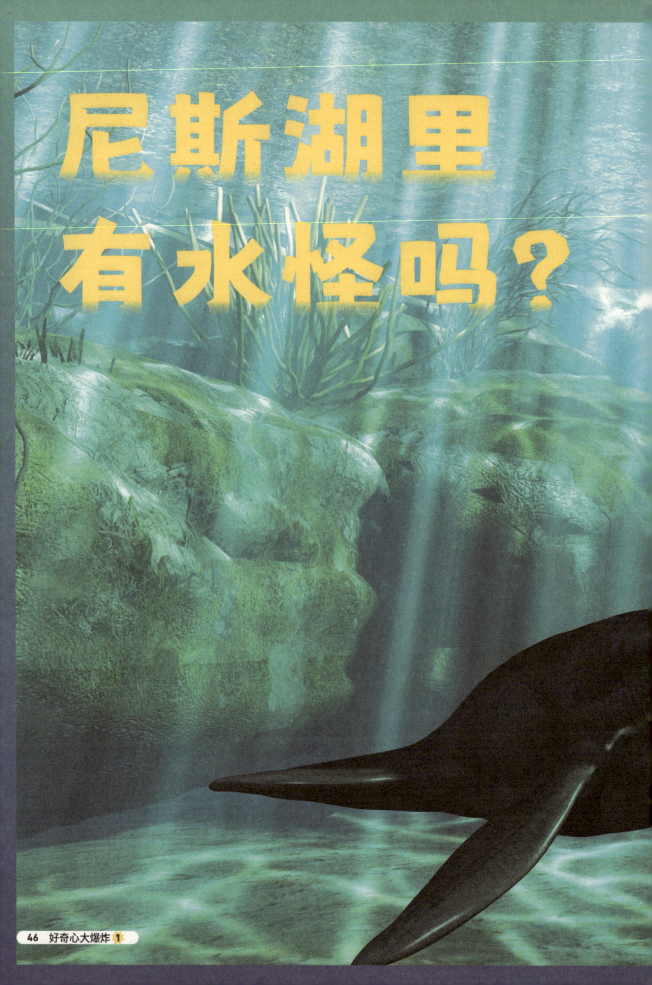

尼斯湖里有水怪吗？

每年都有人来到苏格兰，希望能够一瞥传闻中的尼斯湖水怪。

现在，科学家将要出发去一探究竟，看看是否真的有一头怪兽潜伏在幽暗的湖泊深处……

早在1933年，一位名叫乔治·斯派塞（George Spicer）的男子和他的妻子正开车行驶在尼斯湖附近的一条路上。突然，一只长着长脖子的奇特动物从车前的湖泊游过。斯派塞回忆说，当时他们都被这个不知名的"怪物"震撼到了。自那之后，尼斯湖水怪变得家喻户晓。其实，尼斯湖里住着可怕生物的神话故事可以追溯到黑暗的中世纪（476—1500年）。

科学家对斯派塞夫妇的经历一直保持着怀疑态度，是否真的有"水怪"存在于湖泊的幽暗深处呢？为了寻找真相，科学家成立了研究小组，决定实地考察一番。

研究小组对尼斯湖水面进行了长达数周的观察，并且还用潜水艇探索过尼斯湖深邃而幽暗的水域，然后用水下摄影机和声呐对水域的深暗处进行了搜索，但毫无所获。

类似这种搜寻水怪的工作大多发生在20世纪60年代到80年代，那时正是寻找水怪的"黄金时代"。遗憾的是，不论人们怎样"寻寻觅觅"，至今仍未在湖中发现任何怪物。

然而据媒体报道，目击水怪者却多达1000人。每年都有游客闻讯而来，到湖边参观，希望能一睹水怪的容颜。但最终，谁也没有看到水怪。与此相反，他们看到的是海豹、鸟类、游泳的鹿以及不寻常的波浪。尽管如此，还是有很多人相信尼斯湖水怪是真实存在的。

2018年初，在新西兰奥塔哥大学的尼尔·格默尔（Neil Gemmell）教授的带领下，一行人来到了尼斯湖。为了彻底解开这个谜团，他们决定使用一种新的科学技术去寻找尼斯湖水怪。首先，他们需要寻找一种叫作"环境DNA"（也叫"eDNA"）的东西。

① 这张神似蛇颈龙的水怪剪影拍摄于1934年，自那以后，水怪是蛇颈龙的传言满天飞，但后来这张照片被证明是人为作假

② 每年，观光客都会涌向尼斯湖，希望能够一睹怪物的真面目

③ 尼斯湖长约37千米，湖水极其幽暗，因为湖水中含有大量的泥炭

④ 尼尔·格默尔教授正在使用eDNA寻找尼斯湖水怪

从数据看尼斯湖

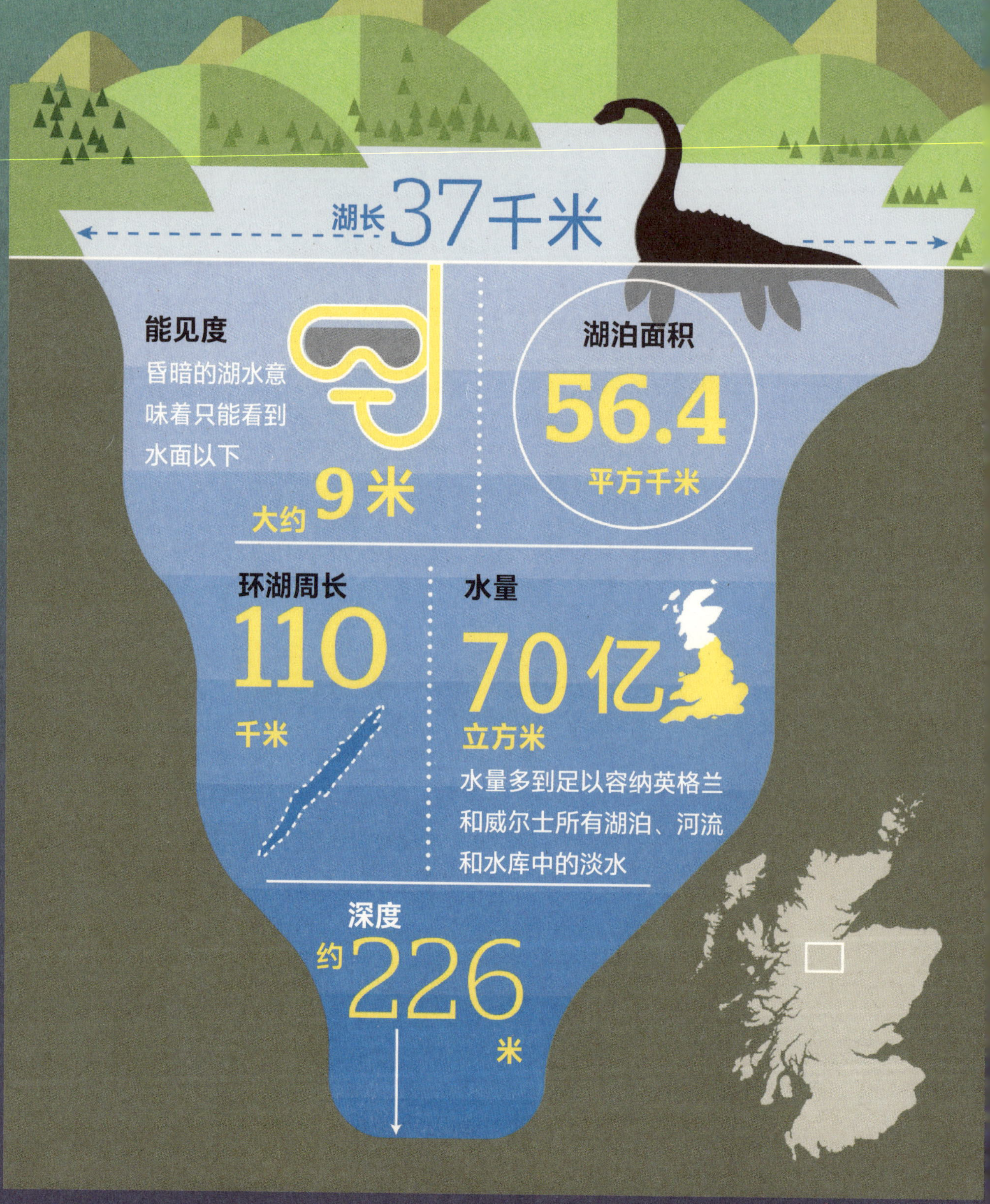

湖长 37千米

能见度

昏暗的湖水意味着只能看到水面以下

大约 **9米**

湖泊面积

56.4 平方千米

环湖周长

110 千米

水量

70亿 立方米

水量多到足以容纳英格兰和威尔士所有湖泊、河流和水库中的淡水

深度

约 **226** 米

Auto | Keep | Object | Get camera | Show | **Camera 20 meters above surface** | << | < | > | >> | Left | Forward | Backwards | Right

这张尼斯湖的声呐读数图片是由一位旅游船船长拍摄的，图片显示了一处被称为"基斯深渊"（Keith's Abyss）的区域，这是尼斯湖的最深处。有些人认为那里可能就是尼斯湖水怪的藏身之处。

用eDNA能找到水怪吗？

　　eDNA已经帮助我们找到了各种珍稀的、隐藏起来的，甚至是已经灭绝的动物和植物，所以格默尔教授想知道，是否也可以从尼斯湖不同地带采集的水样中收集eDNA，用这种方法去寻找水怪呢？他为此组建了一个研究小组，筹集到了这个项目所需的资金，然后开始了工作。

　　目前，我们还在等待格默尔教授的探索结果。即使尼斯湖水怪的eDNA证据并没有被找到，但这个项目仍然很有用。因为它可以帮助我们获得一份生活在尼斯湖里的生物物种的完整清单。

　　最棒的是，这个项目激发了包括儿童在内的公众的想象力。格默尔和他的团队有很多机会谈论他们激动人心的研究，向大家介绍eDNA和DNA。

　　那么这个项目真的能解开尼斯湖水怪之谜吗？也许会，也许不会。但无论如何，它都会被视为一个成功的项目。它不仅能帮助我们找到尼斯湖中到底生活着哪些野生动物，还可以让人们对背后的科学产生超强的兴趣。我们已经迫不及待地想知道水里到底藏着什么了！

"eDNA" 是什么？

所有的生物都含有DNA。DNA结构各部分的排列方式因物种而异。因此，如果科学家发现了动物的皮肤碎片、牙齿、骨头或其他部分，他们可以从中收集DNA，并找出DNA来自什么动物。

早在20世纪90年代，科学家就意识到，还可以从动物生活的环境中收集它们的皮肤碎屑、唾液、尿液和粪便，然后对其进行DNA检测，这就是"eDNA"。科学家现在已经在土壤、冰川、溪流、池塘和河流中发现了许多物种的eDNA。

一旦收集到有趣的冰、土壤或水的样本，科学家就会在实验室中分析其中的DNA痕迹。任何被发现的DNA片段都会被复制，并与现有的DNA记录进行比较，以确定样本中DNA所属的物种。

迄今为止发现的大多数eDNA，都属于科学界已知的生物物种。然而，科学家也发现了一些已经灭绝的动物的eDNA，比如猛犸象和巨型树懒。这也证明，如果条件合适，eDNA可以保存数千年。

最令人激动的eDNA探寻结果，也许是它能够揭示在研究区域内出现了从未记载过的生物。在此之前，科学家在研究一片海域时，从提取的海水eDNA中发现了本不可能在那片海域出现的动物，这些意外来客里面就有鲨鱼和鲸鱼这样的大型动物。

尼斯湖水怪可能是什么？

鲟鱼？

鲟鱼是一种具有史前特征的鱼（有些身长超过5米），在繁殖季节会沿河溯流而上。那些被目击到的尼斯湖水怪可能就是鲟鱼。

古怪的波浪？

尼斯湖深处的地质运动可能形成古怪的波浪，让人们觉得自己看到了怪物。

巨型鳗鱼？

一些专家认为，尼斯湖水怪可能是一种被困在尼斯湖中的巨型鳗鱼，它们不过是长得太过巨大了，才被误认为是水怪。

漂浮的树干？

尼斯湖的湖面上有时会浮现出大量的植被和树干。也许可以用这种方式来解释几次水怪目击事件。

蛇颈龙？

蛇颈龙是一种水中爬行动物，早在6600万年前就灭绝了。很多人认为尼斯湖水怪是幸存的蛇颈龙。

马里亚纳海沟底下有生物吗？

如果在西太平洋的马里亚纳海沟下潜8000米，你可能会遇到这个家伙——马里亚纳狮子鱼。在这个深度的海床上，环境非常恶劣：压力极大，温度很少达到2℃，而且几乎一片漆黑。马里亚纳狮子鱼是迄今为止发现的栖息在最深处的鱼类。普通鱼类在那里会被强大的压力压扁，而它们却在那里茁壮成长。

美国华盛顿大学的研究人员设置陷阱捕捉到了37条狮子鱼，以便对它们进行研究。与其他深海鱼类不同，这种鱼没有巨大的牙齿。相反，它们的体型很小，而且是透明的，没有保护性的鳞片。尽管如此，它们依旧是那片深海地区的顶级捕食者，会将微小的生物整个吞下。在本页图中，你可以看到这条狮子鱼的最后一餐是一只小虾米。小虾米还在它的胃里发着绿光。真是美味！

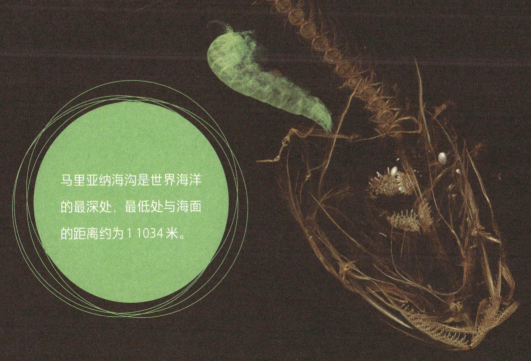

马里亚纳海沟是世界海洋的最深处，最低处与海面的距离约为1 1034米。

帕克可以登陆太阳吗？

很多人怀揣登月梦想，但鲜有人思及"登日梦想"，大概只有夸父一人尝试过逐日。现在，有一艘名叫帕克的太阳探测器正载着人类的"妄想"飞向太阳，它最终会成功登陆太阳吗？

科学智慧

帕克太阳探测器有一块由碳复合材料制成的厚达11.4厘米的防热罩，可以确保防热罩内的探测器不会因为太阳的炙热而消融。防热罩最外层是白色的陶瓷涂层，可以反射绝大部分来自太阳的热量。

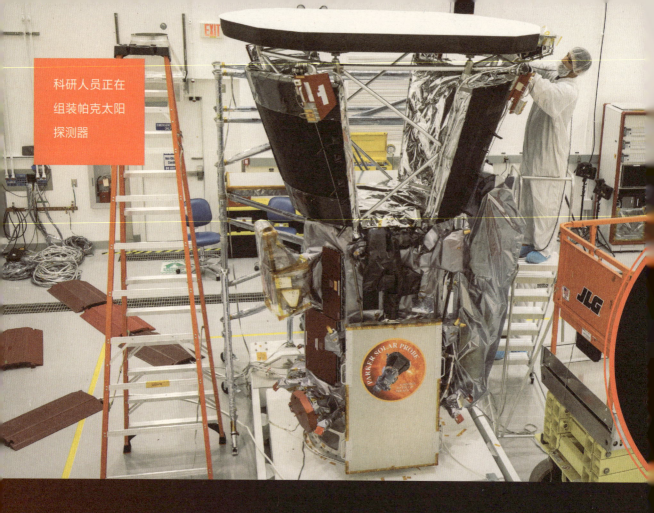

太阳是太阳系中的国王，它的引力非常强大，可以将行星束缚在自己的圈子内，让行星们各就各位，不至于在太空中四处流浪。太阳对地球而言更是必不可少的存在，没有它散发的光和热，地球上的生命形式就不会如此繁多。

尽管太阳如此重要，我们对它却知之甚少。人类靠近太阳无异于飞蛾扑火，我们怎样才能近距离地探索它呢？也许可以向太阳发射一艘探测器。美国国家航空航天局就是这样做的，他们在2018年向太阳发射了帕克太阳探测器（Paker Solar Probe，以下简称帕克）。

帕克最终将抵达距离太阳约600万千米的地方。这个距离大概只是日地距离（约15 000万千米）的1/25，听起来好像也没有很近，但这是在太空环境中，帕克和太阳其实就相当于住在隔壁的邻居。此前最接近太阳表面的探测器是1976年发射的太阳神2号，它距太阳的最近距离约为4300万千米。

科学智慧

帕克太阳探测器是以尤金·帕克（Eugene Parker）博士的名字命名的，他是现代太阳风理论的奠基者，也是为太阳风命名的人。

左：在这幅日食画面中，明亮的太阳中心被月亮遮住，我们得以窥见日冕

右：帕克太阳探测器于2018年8月12日成功发射

"宇宙飞船将穿过太阳的外层"

帕克要想进入太阳轨道，并非易事。它不能直接进入太阳轨道，因为这样做会消耗太多能量。所以帕克会7次飞掠金星，借助金星的"引力弹弓"效应来实现降轨操作和提速。它会环绕太阳飞行24圈，逐步接近太阳，整个"逐日过程"将持续7年之久。

帕克的速度必须很快，才有可能更近距离地接近太阳。所以它成为有史以来发射进入太空的速度最快的人造物体，它最快的速度能达到200千米每秒，相当于只需要5秒就能从上海飞到北京。

帕克在2018年11月首次飞掠金星。每次飞掠金星，帕克都会提速，离太阳更近一些。最后，帕克的速度会快到足以到达离太阳最近的近日点，并直接穿过太阳炙热的外层——日冕。

日冕是太阳大气的最外层，由高温、低密度的等离子体组成。通常情况下，我们看不到日冕，因为它的亮度过于微弱，而太阳其他部分过于耀眼，相形之下，耀眼的光芒直接把暗淡的它掩盖了。只有在日食期间，当月球遮

地球的磁场（图中蓝色区域）在一定程度上会保护我们免受太阳风和太阳耀斑的伤害。

"帕克正在探索人类从未涉足的领域，谁知道我们会发现什么？"

住了太阳的明亮中心，我们才能看到日冕。

即便日冕离太阳最远，即便它的光芒最暗淡，它的温度却高达200万摄氏度，这可比太阳表面温度（即光球层温度：约5500℃）高多了。如果离一堆火（热源）越远，你就会越加感受不到火的温度。那为什么离太阳核心（约1500万摄氏度）最远的日冕会更热呢？没有人知道答案。也许帕克在对日冕和太阳风进行观测和采样后，能为我们揭开这个谜底。

当然，研究日冕并不只是为了揭开谜底、满足好奇心。研究它可以帮助我们保护地球上的通信设备。日冕产生的太阳风会吹向太阳系的其他地方，如果吹向地球的太阳风太强，就会干扰到地球上的无线电通信和航天设备。如果科学家足够了解日冕和太阳风，就可以找到方法抵御太阳风对地球的干扰。

更令人激动的是，帕克将探索人类尚未想象过的神秘领域。帕克的设计寿命只有7年，在完成探索使命后，它将被太阳的高温熔化，并与太阳融为一体。

这是一场人类此前从未涉足的冒险旅程。谁知道帕克会在星际穿越的途中发现什么呢？

灵机一动
了解太阳和帕克的内幕

帕克会跑多快？

帕克以每小时69万千米的速度飞行，速度足以在3分半钟内绕地球一周。

帕克不会融化吗？

帕克并不是一直靠近太阳，它白色的防热罩几乎反射了所有来自太阳的热量。

日冕中的粒子分布非常稀疏，所以日冕并不是所有地方都高达200万摄氏度。换言之，帕克可以避开高温粒子，只需抵御1400℃的高温就行了。

探测器防热罩阴影区的各个角落安装了"热传感器"，可以随时调整面对太阳的方向，避免太阳直射。

另外，帕克还使用循环流动的水来冷却作为它"生命之源"的太阳能电池板，同时还拥有强大的制冷系统。

帕克所携带的科学仪器，都是由非常耐热的材质制作而成的，就算暴露在1400℃的高温中也没问题。

比起被高温熔化，研究人员更担心它在飞掠金星时因为太冷而被冻住，所以研究人员还额外设置了加热器来为它保温。

太阳和其他"星星"一样吗？

宇宙中的"星星"大小不一，有和太阳一样大的，也有比太阳大1700倍的，但大多数都比较小。它们的颜色也各不相同，从深红色到太阳的白色，再到明亮的蓝色都有。

太阳由什么构成？

太阳主要由氢气和氦气组成。

太阳有多热？

太阳表面温度约为5500℃，但在太阳深处温度可能会高出数千倍，日冕温度也会更高。

太阳有多大？

它的直径约为140万千米，可以装下100万个地球！

太阳几岁了？

大约45亿岁了。

科学智慧

天文学家认为，太阳将在大约100亿年后消亡。在消亡之前，它将变成一颗红巨星。

太阳

它不仅仅只是一个火球……

色球层

色球层位于光球层之上，太阳温度从核心向外逐渐递减，到色球层后温度上升。色球层是在日食前后出现的红光薄层

光球层

太阳大气的最底层，不透明，用望远镜可以看见光球层表面密密麻麻的斑点

日冕

太阳的最外层，上有产生太阳风的冕洞

辐射层

太阳核心产生的能量向外发散会穿过这一层

核心

太阳的能量工厂，这里产生热和光。光从太阳核心到达地表可能需要10万年以上的时间

太阳黑子

太阳表面的黑点，一个中等大小的黑子与地球的大小相差不大

太阳耀斑

太阳大气局部区域最强烈的爆发现象

对流层

辐射层的外侧区域，由于这里的温度、压力、密度差异大，太阳气体呈对流的不稳定状态

日珥

是太阳周围悬浮的红色环圈，通常出现在色球层

地球会变成"塑料星球"吗?

大约30年后,每人每年制造的塑料垃圾将超过1吨,我们每个人都背负着一座"塑料巨山"。如果塑料问题不加以解决,地球也许会变成一颗"塑料星球"。

你知道你每天要使用多少次塑料制成的东西吗？从你早上起床穿上衣服的那一刻就已经开始了。你可能还没有意识到，但你的衬衫、袜子，甚至是你的内裤都很可能含有塑料线。塑料线的使用可以降低成本，使这些衣物更便宜，同时也让它们更结实、更有弹性，甚至更容易清洗。

穿上衣服之后，你就开始享用早餐了。从塑料袋里倒出麦片，拿出面包制作吐司。然后你可能需要用塑料牙刷来清洁牙齿，用塑料梳子来梳理头发。实际上，塑料有许多种类，有的可以当作硬质建筑材料，有的则是柔软的纤维。因为耐用和持久，塑料已经成为我们日常生活中的一部分，所以这也让我们很难放弃使用它们。

科学小常识
位于美国加利福尼亚和夏威夷之间的"太平洋垃圾岛"是地球上最大的漂浮垃圾聚集地。

"长期大量食用海鲜的人可能每年会吃下11 000颗微塑料。"

清理行动:
解决塑料垃圾的4种办法

1 不要将湿巾、隐形眼镜以及一次性尿布等含有塑料的物品冲进下水道,这不仅会堵塞管道,还会让海洋中的塑料问题变得更为严重。我们不应该将这些东西冲走,而应考虑重复使用这些物品。

2 少用或者禁止使用一次性塑料制品。在欧盟法律新规中,我们会发现塑料吸管、塑料刀叉以及其他一次性塑料制品将被禁止使用。无法避免使用一次性塑料制品的公司,将不得不为其支付清理费用。

3 减少渔业垃圾。漂浮在太平洋垃圾岛的大部分塑料是渔具,包括渔网和绳索。旨在减少一次性塑料的法律,也可以让渔民对其产生的废弃物负责。

4 回收和再利用。我们可以通过购买二手物品和进行分类回收来尽自己的一份力。其中也有颇富创意的解决方案,比如荷兰的工程师最近用废弃的塑料杯和塑料瓶建造了一条自行车道。

"塑料星球"

其实就在不久以前，塑料还并未出现在我们的生活中。仅在几十年前，人们穿的还是棉质、羊毛衣物，吃着用纸袋包装的食物，用猪鬃毛制成的牙刷刷牙。

但所有这一切都因塑料的发明而发生了改变，比如服装公司迅速使用了尼龙，因为这种面料具有韧性和拉伸度。在欧洲，目前每人每年平均使用的塑料竟多达80千克。这已经比成年人的平均体重还要重了！在我们的星球上，有将近50亿吨的塑料垃圾，这几乎是人类总人口重量的10倍！

这些塑料垃圾大多数都被丢进填埋场的坑里，或者沉积到海床上。无论塑料垃圾是被填埋进地里，还是被冲到海洋中，它都不会消失，因为它无法完全分解。细小的塑料碎片会进入下水道，然后混进我们浇灌到田地里的肥料里，继而混进我们的食物中。这些微小的塑料碎片也会沉入海底的泥土和沙子中，对环境造成无法弥补的损害。

鱼类、鸟类等其他生物会在不经意间吞下大大小小的塑料。这些塑料虽然填满了它们的肚子，但是却不能为它们提供任何能量和营养，最终这些生物将因无法正常进食而被活活饿死。

人们在捕获鱼和其他海鲜时，往往会在渔网中发现塑料垃圾。据科学家估算，长期大量食用海鲜的人可能每年会吃下11 000颗微塑料。但是，目前还无法确定长期食用这些塑料会对人类造成哪些危害。

2017年，科学家计算出如果塑料垃圾继续按照现在的速度堆积，那么30年后，地球上平均每人每年制造的塑料垃圾将超过1吨。当然，我们平时无法见到这些塑料垃圾，因为它们会被埋在海底或填埋场里。但我们可以想象，自己的后花园或者屋子里面有一座自己生产的塑料山，具体来说就相当于50 000多支旧牙刷堆放在后院。如此壮观的塑料山并不值得期待，我们每个人都该为此负责。那应该怎样"铲除"塑料垃圾山呢？也许你可以参照本页右边的方法来减少塑料制品的使用。

一只海龟在堆满塑料的水中奋力挣扎

改造父母的购物车

**帮爸爸妈妈买东西时，
你能累计多少无塑料积分？**

在你能做到的选项中打钩，然后把你的分数加起来！看看你能做得多好⋯⋯

☐ **无包装水果和蔬菜**

谁说必须要把土豆放进塑料袋里？带上一只帆布袋，用来放散装的东西。

每种物品积 3 分

☐ **特大号零食**

多层包装的零食会有更多的小号塑料包装。所以请选择更大号的单层包装的爆米花、薯片、酸奶以及坚果。当然前提是你能控制自己不会暴饮暴食！

每种物品积 1 分

☐ **不使用吸管**

在超市的咖啡厅里买了一杯奶昔？不要用吸管，直接用嘴喝吧！

3 分

☐ **玻璃罐**

用可重复使用、可回收的玻璃罐或瓶子盛放花生酱等酱料以及酱汁。

每种物品积 1 分

用无任何塑料包装的散装水果制作果酱。

奖励 10 分！

☐ **柜台购买**

在柜台直接购买肉类和奶酪，因为那里售卖的食物通常不会过度包装。

每种物品积 2 分

一些超市甚至会让你自带可重复使用的容器。

奖励 5 分！

总分 =

科学小常识

塑料不同于木材和食物等垃圾，它不会被生物降解，只会变成越来越小的碎片，微塑料很难被人们清理干净。

寻找暗能量的天文望远镜

想要解开宇宙谜团，你需要一台能在黑暗中捕捉到暗能量的设备。这台重达4吨的"暗能量相机"（Dark Energy Camera，世界第三大天文望远镜）就是非常称心如意的设备。它位于智利的托洛洛山美洲际天文台，自2013年起科学家就开始用"暗能量相机"对南半球的天空进行探测。从那时起，"暗能量相机"就记录了数百万个星系的信息，帮助科学家测量过去140亿年来宇宙膨胀（和暗能量）的变化轨迹。目前，该相机仍在试图找出更多有关暗能量的信息。神秘的暗能量也许正是加速宇宙膨胀的推力。

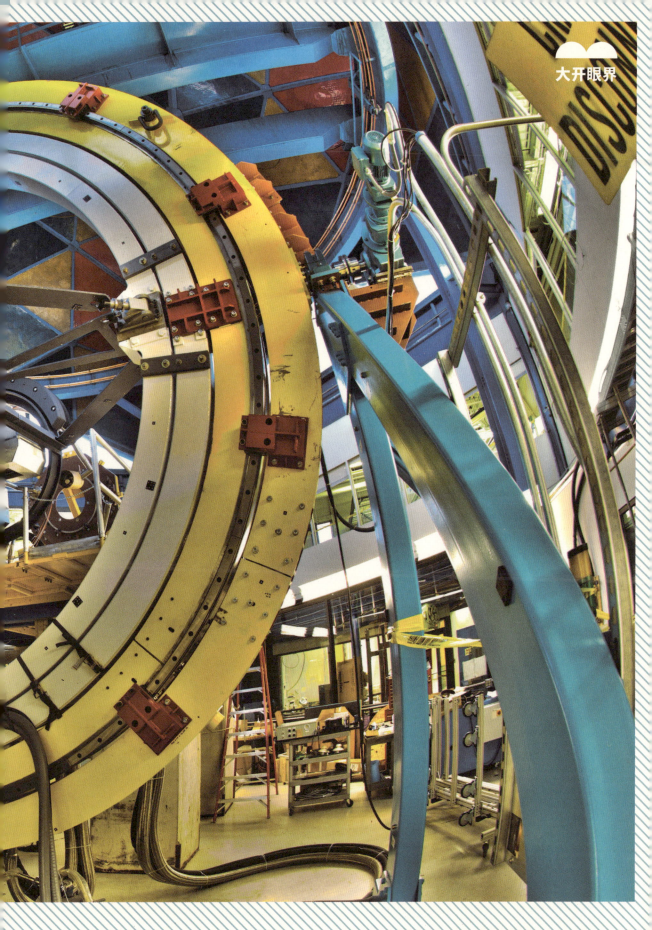

怎样用科学实验做美食？

让你的厨房变成一间科学实验室吧！你可以尝试种植糖果水晶，制作冰淇淋、变色独角兽面条以及可以吃的蜡烛。在实验之前，一定要叫上爸妈给你打下手哦！

种植糖果水晶

小心地观察你种下的可食用的脆糖果水晶。当放置的时间越长时，它们就会越大！

3~7天

准备：

- 细长、干净的玻璃杯或罐子
- 1杯水
- 2~3杯糖
- 食用色素
- 木签
- 衣服夹子
- 炖锅

可以直接在木签上品尝这些晶体，也可以将其放在热饮中搅拌后食用。

步骤：

1. 用小火将锅中的水加热至沸腾。
2. 慢慢地加入一些糖，不断地搅拌，确保糖在水中完全溶解后，再继续加糖。
3. 继续加糖，直到水变浑浊后停止加糖。因为这时水达到了饱和状态，已经不能再将糖溶化了。最后会有一些剩下的糖。
4. 关闭火，放凉。
5. 将木签用水打湿，然后在剩下的糖里滚一滚，放置几分钟晾干。
6. 待糖液冷却后，将其倒入玻璃杯或罐子中，并加入食用色素。
7. 将衣服夹子夹在木签上，用夹子把木签挂在玻璃杯的中央，使其悬挂在液体中。木签的底部应与玻璃杯的底部相距2厘米。将玻璃杯放在安全的地方。
8. 晶体会逐渐变大，大概在3天后形成。
9. 检查并去除任何在溶液表面形成的结痂，这有助于晶体的生长。
10. 当对糖果晶体的大小感到满意时，你就可以把它们从溶液中取出，晾晒几个小时后就可以享用了。

背后的科学原理：

如果你把一勺糖倒入一杯冷水中搅拌，糖就会溶解。如果你继续向水中加入糖，水最终将达到饱和状态停止溶解糖。然而，不断加热的水能够溶解更多的糖，最后会形成一种"过饱和溶液"。随着水的冷却，过饱和溶液会变得不稳定，因为它溶解的糖超过了水的正常溶解量。然后，过饱和溶液中的糖就会析出，并转化为固体糖晶。如果让过饱和溶液中的糖自己慢慢形成固体糖晶，你可能没有耐心等待。所以裹了糖的木签大有作用，它能加速固体糖晶的形成，成为新晶体生长的媒介。随着时间的推移，过饱和溶液越是冷却，溶液中的水分蒸发越多，糖从溶液中析出的数量就越多 —— 晶体也就会越大。

探索更多可能性：

>> 你能不能想办法给你的糖果水晶加点料？也许可以加点薄荷油或香草精。你觉得这样做会改变糖果水晶的结构吗？

>> 你能用其他形成晶体的材料（如盐）制作晶体吗？不同材料制成的晶体看起来是相同还是不同？

>> 你的糖果水晶会长多大？它们会永远生长下去还是在达到最大尺寸后停止生长？你觉得为什么会这样？

速食冰淇淋

这个配方可以让你在10分钟内吃到美味的冰淇淋！
最重要的是，你可以添加任何你喜欢的口味……

10分钟

准备：

- 一个可重新密封的小型三明治口袋
- 一个可重新密封的大型三明治口袋
- 120毫升（1/2杯）奶油或全脂奶
- 12.5克糖
- 几滴香草精或其他你喜欢的口味
- 3~7杯冰块
- 75克盐

步骤：

1. 在小袋中加入奶油、糖和香草精，并密封，确保释放出多余的空气。
2. 将冰块、盐和装了奶油、糖、香草精的小袋放入大袋中密封。
3. 将大袋在水槽上大力摇晃5分钟左右。当奶油开始冻结并变成固体时停止摇晃。
4. 去掉大袋，并迅速用冷水冲洗掉小袋上的盐溶液。
5. 将冰淇淋倒入碗中，加入你最喜欢的配料，然后享受你刚刚做好的冷冻甜点吧！

背后的科学原理：

冰淇淋的主要成分是水和脂肪。为了制作冰淇淋，需要把牛奶或奶油的混合液体变为固体。如果只是简单地将混合物直接放入冰箱，水的成分就会先冻结，形成大而脆的冰晶。冰淇淋吃起来应该是又软又香的奶油味，而不是坚而脆的冰晶。所以我们可以通过大力地摇晃小袋使冰晶达到最小化，让它形成口感顺滑的奶油冰淇淋。之所以加入盐，是因为盐会降低冰块的冰点，使它融化。冰块在融化的过程中会吸取小袋子里奶油混合物的热量，逐渐让混合物冷却、冻结，从而形成固体冰淇淋。

只需要10分钟，你就可以制作出美味的冰淇淋。

探索更多可能性：

>> 在制作冰淇淋时，如果不用力摇晃包装袋会怎样？

>> 如果你把太多的冰淇淋放进嘴里，你可能会患上所谓的"冰冻脑"或"冰淇淋头痛"。把舌头顶在上颚应该可以缓解头疼，你觉得这是为什么呢？

>> 尝尝冰冻的冰淇淋，或者等它融化了再尝。冰淇淋冰冻时和融化时的甜度不一样。你觉得这是为什么？

独角兽面条

这些神奇而可食用的独角兽面条，能在你眼前从紫色变成蓝色或粉色……

30 分钟

准备：

- 大平底锅
- 刀具
- 干的透明面条
- 大个耐热碗
- 滤网
- 紫甘蓝
- 柠檬

步骤：

1. 将紫甘蓝大致切一下，放入锅中。
2. 在汤锅中加入足够的水，使水没过紫甘蓝的一半。
3. 煮沸，接着在炉子上煮5分钟。
4. 将滤网放在一个耐热的大碗上，把锅里的紫甘蓝和水倒入滤网中，过滤掉水。
5. 把紫甘蓝放在一边。如果你喜欢，可以在上面加点盐和醋，顺便做一道美味的配菜！
6. 将过滤的水又倒回锅中，加入面条。
7. 开火煮5~10分钟，直到面条变软变紫。
8. 用滤网沥干水分，将面条转移到盘子或碗里。
9. 把新鲜的柠檬汁挤在面条上，然后你的面条就会变成粉色！

背后的科学原理：

　　紫甘蓝之所以是紫色的，是因为它含有一种叫作花青素的色素。花青素也同样存在于蓝莓中。当紫甘蓝被煮沸时，花青素就会渗出到水中。把干面条放入含有花青素的水中时，面条就会吸收花青素变成紫色。科学家用pH值的标准来描述某物的酸碱性，7为中性。pH值小于7表示溶液是酸性的，而pH值大于7则表示溶液是碱性的。花青素的颜色变化取决于它所接触的溶液的pH值。当它是中性（或pH值为7）时，它是紫色的，但如果它接触到一些酸性的东西，比如柠檬汁，它就会变成粉红色。如果碰到碱性溶液，花青素会变成蓝色、绿色甚至黄色。如此看来，独角兽面条除了是美味的食物，还是一种可食用的酸碱度测量计！

这些彩色的面条
会让晚餐增色不少！

探索更多可能性：

>> 将小苏打等碱性物质撒在面条上会怎样？

>> 你能用吃剩的紫甘蓝汁估算出其他家庭用品，
比如醋或洗衣粉的pH值吗？

>> 利用对花青素的了解，你能解释一下为什么蓝莓
松饼中的蓝莓边缘有时看起来是绿色的吗？

糖果蜡烛

有了这个美味的食谱，你可以制作一根属于自己的糖果蜡烛，然后吃掉它！

准备：

- 火柴或打火机
- 刀具
- 盘子
- 香蕉
- 杏仁
- 巧克力
  或坚果片（可选）

步骤：

1. 将香蕉去皮，切掉两端，做成一个以香蕉为基底的扁平圆柱体。
2. 将香蕉竖立在盘子上，用巧克力或坚果片装饰。
3. 剥去杏仁皮，小心翼翼地纵向切成薄片。
4. 将杏仁片插入香蕉顶部。
5. 用火柴点燃杏仁片，看着它燃烧。
6. 实验结束后，吹灭火焰，把整根蜡烛吃掉！

背后的科学原理：

　　蜡烛由灯芯和蜡组成。作为一种燃料，蜡能够燃烧。蜡烛中的蜡通常是固体的，点燃灯芯后的火焰会熔化蜡，使其变成液体蜡油。然后蜡油会进一步升温，蒸发成蜡蒸气。蜡蒸气的存在是蜡烛得以继续燃烧的决定性因素。蜡烛最初是凭借火柴或者打火机点燃的，后面则由蜡蒸气提供持续燃烧所需的燃料、能量和氧气。食用蜡烛燃烧的初始能量也来自火柴或打火机，只不过食用蜡烛是以杏仁作为灯芯和燃料。像杏仁一类坚果的能量很高，它们包含天然脂肪。点燃杏仁后，它会慢慢烧出脂肪油，脂肪油就成了水果蜡烛得以燃烧的燃料。以香蕉作为糖果蜡烛的基底，是因为香蕉含有很高的水分，可以隔绝火焰燃烧到底部的桌子，降低火势蔓延的风险。

做一根吃起来
异常美味的蜡烛吧!

探索更多可能性:

>> 其他类型的坚果,如腰果或核桃,是否也可以使
用?哪种类型的坚果燃烧时间最长?你认为这说
明了什么?

>> 如果你喜欢吃硬一点的水果,可以尝试以苹果或
橙子作为基底。

>> 坚果片的厚度会改变它的易燃性吗?你觉得为什
么会这样呢?

小动物是怎样为花传粉的?

动物为植物传粉是继食草行为后最为人熟知的动植物互动之一。实际上，在某些情况下，它被视为一种特殊的取食方式，因为来访的动物并不是为了植物本身的利益，而是为了植物提供的"报酬"。传粉是两种生物之间最紧密的联系之一，也是一种动植物平等交流的方式。在自然界中，除植物外，没有任何其他生物能够如此信赖别人，放心地交付自己的精子。

1 如果你仔细观察一只蜜蜂，会发现它是毛茸茸的。这些覆盖在蜜蜂身上的绒毛使蜜蜂成为非常高效的花粉传送者。蜜蜂的协作意识很强，它们可以一起工作，在同一物种之间传递花粉。

植物为了吸引传粉者的注意，想出了许多招数，它们会不惜一切代价赢得蜜蜂的喜爱。植物使用的小伎俩不仅有提供富含能量的花蜜，还有在它们的花蜜中加入咖啡因、尼古丁或其他易上瘾的物质，让蜜蜂念念不忘，不得不回来。

当蜜蜂发现美味的花蜜后，它们会跳起"8字舞"（又名摇摆舞）来向同伴传递信息，这是一种特殊的沟通方式，也是除人类语言外，动物中少有的符号交流系统。"跳舞"对蜜蜂群体来说特别重要，哪里有食物，哪里适合筑巢，都是通过"跳舞"来交流的。如果蜜蜂发现食物源可能存在危险，它们会选择减少或不跳舞。

2 蝙蝠也是一类重要的传粉者。蝙蝠主要在夜间活动，视觉感知有限，因此由蝙蝠授粉的花的颜色通常不会很鲜艳。但有个例外，这就是翡翠葛，翡翠葛的花为绿松石色，在月光照耀下特别耀眼。

蝙蝠有点笨拙莽撞，植株必须很健壮才能承受它传粉时的动作。此外，蝙蝠作为唯一能够飞行的哺乳动物，运动量极大，高能耗的飞行运动使得它们需要大量的能量，因此由蝙蝠传粉的花朵必须产生大量的花蜜来吸引蝙蝠。大叶龙舌兰是典型的蝙蝠传粉植物，它可以产生大量的花蜜，以至于从花中滴下来的花蜜可以积累在花序下方叶子上的池子里。由蝙蝠传粉的植物中，最引人注目的一种是蜜囊花，其花序上方有一片凹进去的叶，为蝙蝠的回声定位提供了一个"探测灯塔"，可以帮助蝙蝠更好地识别和选择花朵。

颜色奇异的翡翠葛

3 由鸟类授粉的花也会产生大量的花蜜。如，鸡冠刺桐每晚每朵花会产生1毫升的花蜜。

依靠鸟类授粉的花往往是管状的，这样容易让鸟用嘴轻松吸取花蜜；其花色也非常鲜艳，多为红色，这是因为鸟类的视觉系统很敏感，钟爱红色，因此红色的花朵对鸟类有很强的吸引力，可以帮助它们更容易地看到花朵。而且由鸟类授粉的花通常为两性花，花柱在花药上方伸出。这种设计会让鸟儿在喝到花蜜前，把之前访问的花的花粉带到这朵花的花柱上，随后再收集这朵花的花粉，带给下一朵花。

与由蝙蝠授粉的花朵不同，由鸟类授粉的花朵可能很脆弱，因此许多物种，特别是蜂鸟，在植物上空盘旋时会非常小心和体贴。

4 大彗星兰是一种生长于马达加斯加的附生植物，有着芳香的白色花朵，而最为神奇的是它那细长的花距，最长的花距可达 450 毫米，蜜腺在花距的底部。1862 年，查尔斯·达尔文首次见到大彗星兰标本的时候，就惊叹："它怎么会有这么惊人长度的花距，上帝啊，什么样的昆虫才能吸到它花距底端的花蜜！"这引起了达尔文极大的兴趣，他猜测这与进化生存一定有关系。在经过很久的思考后，达尔文做出了一个大胆的猜想：在马达加斯加岛上一定生活着一种口器（喙）很长的蛾子，其口器一定长得足以够到藏在花距末端的花蜜。

这就是著名的"达尔文猜想"。达尔文的推断到底对不对呢？在达尔文去世 21 年后，人们发现了为这些花授粉的长喙天蛾，从而证实了达尔文的猜想。

长喙天蛾的长喙刚好可以为大彗星兰授粉

5 由蝴蝶授粉的花往往拥有平顶的花簇，比如大叶醉鱼草和马缨丹的花。这类花还都有一个狭窄的檐部，花药突出在檐上，可以让花粉碰到昆虫的脸。大叶醉鱼草和马缨丹这两种植物在蝴蝶中非常受欢迎，以至于它们在蝴蝶养殖场被用来当作饲料。而且蝴蝶喜阳，所以由蝴蝶传粉的花常常是白天盛开！

蝴蝶还特别喜欢颜色鲜艳的花，一般而言，花的颜色与特定的传粉者联系在一起。比如，蜜蜂通常被蓝色和黄色吸引，甲虫被白色或暗淡的颜色吸引，蛾类在暮色下被吸引到白色和黄色的花附近，苍蝇喜欢白色和棕色，而蝙蝠喜欢大型的暗色花朵。

人们很容易认为飞蛾和蝴蝶十分相似，但事实上，当谈到它们的授粉行为时，这两个群体完全不同。首先，蝴蝶在白天活动，而大多数飞蛾是夜间活动的。其次，蝴蝶的嗅觉不是很发达，而飞蛾主要依靠嗅觉行动。最后，蝴蝶善于感知形状和颜色，而飞蛾由于是在夜间活动因此不善于感知形状和颜色。

6 有些花的气味很难闻，臭烘烘的，我们人类可不喜欢这样的花，但是有的昆虫会喜欢！闻起来像便便的花朵可以吸引将卵产在粪便中的动物，这是对动物本能行为的一种简单而有效的利用。

巨花犀角原产于南非，是多肉中的"妖孽"，它的花很奇特，既像海星又像犀牛角，而且特别臭，很多人都"嫌弃"它，但苍蝇们可喜欢它呢！苍蝇们会在它那臭气熏天的紫褐色肉质花朵上产卵，产卵时花粉团会附着在苍蝇的腿上，苍蝇再将它们运送到另一朵花的花柱上。

还有一种花也很受苍蝇的喜爱，它名叫大花草。这种花靠腐肉一样的气味吸引苍蝇，更奇特的是，它的大小十分惊人，直径可达 800 毫米，重达 7 千克，几乎需要两年的时间才能开花，这时候，也就是苍蝇绕着它忙碌的时候了！

7 有些植物给动物提供夜间住所，吸引动物前来过夜从而带走花粉。例如，在傍晚和清晨，羽状蓟的花朵上经常会有"呼呼大睡"的蜜蜂。

　　还有其他植物也充当了"免费旅店"的角色，长药兰属就是这样一个属，它们的花像是独居蜜蜂的巢穴，雄性独居蜜蜂经常找不到巢穴，就会"借宿"于此。虽然这些花不会为蜜蜂提供花蜜或可食用的花粉，但它们给蜜蜂提供了一个温暖的避风港。早上，在花丛中醒来的蜜蜂，体温比在露天睡觉的蜜蜂高 3℃，因而能比其他蜜蜂更快地活跃起来，投入新一天的"工作"中——谁不想睡在暖和的地方呢！

　　植物花朵发热温度的最高纪录（46℃）保持者是喜林芋，它由在其花室内交配的甲虫授粉。研究表明，与在花中交配相比，甲虫在露天交配所需的能量是前者的 2 ~ 4.8 倍。喜林芋通过促进甲虫的繁殖，也保证了自身的生存。

虽然在上文中，我们看到了许多动植物和谐相处，互利互惠的例子，但不可否认的是，在生物界，物种之间相互竞争的现象要远多于物种间的合作，从表面上看，几乎整个动物食物链的上下游之间都呈现的是相互夺取利益的竞争行为。"朋友一生一起走"这样的友善关系仅限于特定物种之间。

其实人们也很早就注意到包括共生行为在内的很多生物间的合作行为，除了上文提到的例子，还有海葵与小丑鱼、鳄鱼与千鸟等物种间的合作关系，也许是这类行为不容易通过进化论来进行解释 —— 解释夺利要比解释利他容易得多，所以针对此类现象的研究还有待进一步深入。

鱼也会躲猫猫？

　　请注意脚下……这条观星鱼正在等候一顿美餐呢！观星鱼长着一张大饼脸，眼睛长在头顶上。它们的眼睛总是一动不动地向上凝望着，就像在观看星星一样，所以得名观星鱼。观星鱼会用自己的鳍刨开海底的沙土，把自己埋进沙土里，只露出一双睁得圆鼓鼓的眼睛和一张巨大的嘴巴。观星鱼就这样静静地蛰伏在沙土中，伺机而动，只要有猎物从头顶路过，它们就会一跃而起，张开大嘴吞食毫无戒备的猎物。有一种观星鱼的眼睛后面长了一个特殊器官，能产生高达50伏的电压，这种电击能力可以帮助它们抵御潜在的捕食者，或者电晕潜在的猎物。

人体微生物都是有害的吗？

微生物无处不在，你的身体里就藏了很多微生物，有"作恶多端"的，也有"助人为乐"的。不论这些微生物是恶魔还是天使，只要让它们都感到"快乐"，你就会拥有一个健康的身体。那怎样才能让它们感到"快乐"呢？

科学小常识

微生物（microbe 或 microorganism）是需要用显微镜才能看到的微小生物，其中包括了细菌、病毒、真菌等。

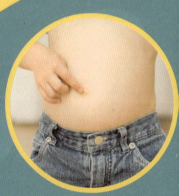

让我们先来做一个小小的实验。伸出一根手指，轻轻地按进你的肚脐，并且稍微转动一下。然后，把手指拿出来，举起来闻一闻。你是不是感觉气味有点怪怪的？对吧？

这种怪怪的气味是怎么回事？这要归功于细菌。肚脐是一个藏污纳垢的好地方，里面含有皮肤代谢物与汗液的混合物，细菌很喜欢吃这些东西，所以它们常年居住在你的肚脐里。不仅仅是你的肚脐，从你的头顶到你的脚趾尖，都布满了细菌。如果我们深入你的身体内部，就会发现你的体内，尤其是你的肠道里寄居了各种各样的细菌。但不要害怕，它们中的大多数都是你的朋友！现在，请洗洗你的手（还有你的肚脐！），我们去进行更多的探索。

人体微生物动物园

现在，你已经知道你的身体里布满了细菌，但实际上还有很多其他微生物，比如病毒和真菌，都寄居在你的身体里。这些寄生在人体中的微生物被统称为"人体微生物群"。科学家发现，它们的存在对人体至关重要。

是的，我们知道你在想什么："怎么可能！细菌和病毒是有害的！"好吧，你是对的，有些病毒真的很讨厌。比如，流感病毒会让你病重到无法下床，四肢软弱无力的你只能孤零零地躺在床上，连翻身都难；有的细菌会导致食物中毒，这意味着你可能会和马桶做几天亲密无间的"好朋友"。这些让人讨厌的微生物被称为"病原体"。

然而，有些细菌、真菌、病毒是有益的，它们会在你身体的某个部位快乐而相安无事地生活着。但是，如果某天它们躁动起来，出现在你身体的其他部位，这时，它们就会成为

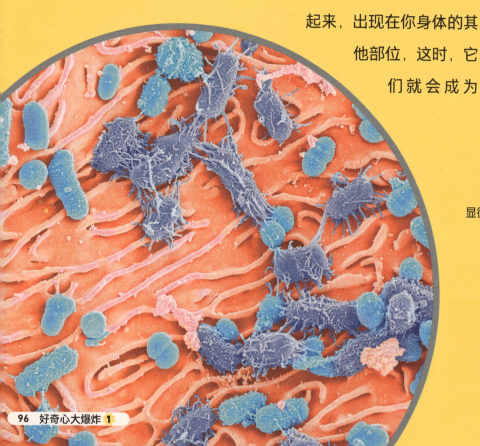

显微镜下的口腔细菌

闹事者，给你的身体带来麻烦。

你身体的每一个部位都是一家独特的微生物"动物园"。比如，你手臂上的细菌与你口腔里的就很不一样，与你脚上以及肚子里的那些细菌也不相同。这有点儿像在森林里散步，地上有兔子和狐狸，树上有松鼠和鸟类，而地下则有蚯蚓和蛴螬。

肠道微生物非常重要

人体绝大多数的微生物都生活在肠道的犄角旮旯里，以大肠为主。微生物非常重要，如果没有某些器官，比如扁桃体或阑尾，人们照样可以快乐地生活着，但如果没有肠道微生物，我们恐怕会命不久矣。

你知道肠道微生物的重量有多少吗？如果把你所有的肠道微生物放在一座天平上，那它们会比你的大脑更重！它们会帮助你消化食物，决定你会得什么病，甚至可能还会在你是胖是瘦的问题上发挥作用。

不可思议的是，每个人都拥有独一无二的微生物群。你的微生物群与你妈妈的、你哥哥的或是你最好的朋友的微生物群都不一样。专家认为，如果你的肠道里有很多不同种类的细菌，那么你比那些肠道细菌多样性较少的人更不容易生病或者出现过敏症状。

科学小常识

抗生素是一种在细菌感染时服用的药物。虽然治疗功效确实很好，但在杀死让你生病的坏细菌的同时，它们也会杀死一些对你身体有益的细菌。

最健康的人体微生物群

科学家发现，在哈扎人（Hadza）身上可以找到地球上最健康的微生物群。哈扎人生活在非洲的坦桑尼亚，以狩猎和采集为生。哈扎人的肠道微生物种类大概比西方人多40%，这要归功于他们令人难以置信的多样化饮食。西方人平均一年只能吃50种不同的动植物，而哈扎人却能吃到大约600种动植物，其中包括豪猪、猴面包树果实、猴子、各种块茎、蜂蜜和野生浆果等。据拜访过哈扎人的科学家蒂姆·斯佩克特（Tim Spector）教授说，哈扎人几乎没有患肥胖症、过敏症、心脏病和癌症等疾病的。

看到这里，你会发现，让你的微生物们感到开心是一件很容易的事情。而且，你甚至不需要飞到坦桑尼亚去做这件事，你只要多吃对身体有益的肉类、蔬菜、水果就行。你吃的食物越丰富，越有营养，你身体里的微生物就会越开心！

一个普通成年人的体内细菌数量大约有 **39** 万亿

如何让你的微生物开心起来？

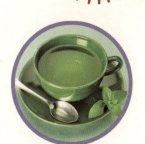

不吃垃圾食品
你的微生物们不喜欢这些
东西

饮用绿茶
绿茶是微生物们的
能量来源

饮用活性酸奶
活性酸奶里面含有许多益
生菌

抚摸动物
和宠物一起生活的人会有
更多种类的微生物

用肥皂洗手
如果用抗菌洗手液，它会
杀死坏细菌，也同样会杀
死好细菌

**食用坚果、浆果、
橄榄油以及大蒜**
它们能够滋养你肠道里的
细菌

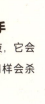

食用多种水果蔬菜
水果蔬菜的种类很重要，
因为不同的水果蔬菜能够
为不同的微生物提供营养

经常参与户外活动
这对你的微生物群来说是
件好事

便便可以拯救病人？

　　虽然听起来挺恶心，但便便确实可以拯救病人。当患上某些疾病，或者服用大量抗生素后，病毒或者抗生素会杀死病人肠道里的很多有益细菌，这会让病人感到特别难受。科学家发现，如果从一个健康的人身上取得便便，然后把它变成药片，让病人吞下，便便药里的有益细菌就会在病人的肠胃里安家，最后病情就会好转。只是，千万不要在家里尝试……

肠道细菌会影响感觉吗？

目前，虽然肠道细菌与感觉的关系研究还处于起步阶段，但它们确实会影响你的感觉。肠道中的细菌可以向你的大脑发送信号，而某些细菌似乎会影响你对快乐、悲伤或焦虑的感知。

第一大脑

第二大脑

微生物来自哪里？

有些微生物是与生俱来的，而另一些则是从周围环境和所吃的食物中获得的。所以花时间参与户外活动，吃很多不同种类的食物是非常重要的，这些可以帮助你建立起自己的肠道微生物社区。

科学家在实验室里研究抗生素

哪些动物会冬眠?

冬眠中的动物看起来惬意十足,让人心生羡慕。但对动物本身来说,长长地睡上几个月并不是为了补觉,而是为了越冬生存!现在,让我们去看看有哪些动物会冬眠吧!

冬天要来了,这意味着气温骤降,食物紧缺。对我们来说还好,我们还可以去商店,采购一篮子的美味食物,以备未来一周之需。但对于野生动物来说,冬天是一个艰难的时期。因此,有些动物不会像往常一样活跃,它们会去找一个安全的地方冬眠。冬眠时,它们会放慢呼吸和心跳的速度,哺乳动物还会降低自己的体温,这样做可以减少新陈代谢,降低身体所需的能量。它们会靠着冬眠度过寒冷的冬天,然后在天气暖和的时候醒来。

1 青蛙和蟾蜍会在落叶、肥料堆或原木堆里过冬。青蛙甚至可能会把自己埋在池塘的淤泥里，即使在淤泥里，它们也可以用皮肤自由地呼吸。

2 虽然很多人觉得松鼠会冬眠，但它们却并不会这么做。当天气极其寒冷的时候，为了暖和一些，它们会在自己用树枝搭成的窝里蜷缩成一团。在比较暖和的冬日，它们会跑出窝，在外面溜达一圈，寻找自己在秋天时埋下的食物。

3 冬天来临时，蝙蝠很难找到平时吃的昆虫。所以，它们会借助冬眠过冬。它们从11月就开始冬眠了，到次年4月才完全苏醒过来。在冬眠的时候，蝙蝠的心脏每分钟大约只跳动20次，而在飞行时，它们的心跳大约每分钟能达到1000次，这实在令人震撼！

4 榛睡鼠冬眠的时间很长，大概从10月开始到次年5月结束。但是，如果天气过于糟糕，它们冬眠的时间就会更久。事实上，它们一年中大概有三分之二的时间都在"沉睡"！在开始呼呼大睡前，它们会吃很多东西，让自己比平时胖两倍后才安心睡去。

在冬眠之前，动物会吃很多食物。这些食物会在体内转化为脂肪，为冬眠时的身体补充能量，使冬眠中的它们不会因为饥饿而醒来。

5 蝴蝶会在安全的地方过冬。你可能会在小工棚或车库里看到它们。它们会在那些地方安然沉睡，直到天气回暖才醒来。不同的蝴蝶种类，过冬的方式不一样。有的蝴蝶可能以卵的形式过冬，有的可能以幼虫（爬到土壤里）状越冬，还有的蝴蝶会以蛹的形式越冬。

6 刺猬需要在冬季储存足够的脂肪来支持自己冬眠。如果刺猬光顾你的花园，你可以在每天黄昏时，放一些没有鱼腥味的猫粮或狗粮以及一碗清水来帮助它们过冬。

7 北美木蛙会藏到一些树叶的下面，然后让心脏停止跳动，最后让自己被冰雪封冻！当两三个月后，天气暖和起来时，封冻的木蛙就会慢慢解冻，然后恢复心跳。微微动动眼皮后，它会猛地一下跳起来，离开藏身之地。

成为一名洞穴科学家是一种怎样的体验？

有些科学家的工作非常酷！黑兹尔·鲍尔顿（Hazel Barton）博士就是其中之一。

现在我们去采访一下他，问问他在洞穴中工作是一种怎样的感觉。

你是做什么的？

我是一名洞穴微生物学家，我的工作是寻找可以帮助我们制造抗生素和其他药品的微生物。除此之外，我们也研究如何从石笋和钟乳石的连接方式中获得灵感，制造出具有自我修复功能的涂料。

你为什么做这项工作？

我在英国布里斯托尔长大，门迪普洞穴就在附近。我在学校上学时就开始了洞穴探险。我很不擅长户外运动，但我喜欢探索洞穴。在第一节微生物课上，老师要求我们去找一找微生物。我把我的头发放到了培养皿上，看看会发生什么。第二天，我的头发竟然长在上面了。这让我对微生物学产生了兴趣，我知道微生物改变了我们周围的世界。在我上大学的时候，一位著名的科学家，同时也是一位洞穴探险家，鼓励我将自己探索洞穴的兴趣与科学研究结合起来。

探索洞穴可以找到有关外星生物的线索吗？

探索洞穴可以帮助我们知道生命是如何在地球上进化的，也可以帮助我们了解太空中的生命。亚马孙有一个山洞，我们必须用刀披荆斩棘，才能找到它的入口。虽然我们已经穿了防护服，但因为有杀人蜂，所以还是得提防这些致命的虫子和毒蛇。折腾一番后，我们才最终抵达洞穴。这个洞穴有20亿年的历史，里面富含铁质。不过，那里的微生物正在侵蚀岩石。火星上也有很多铁，所以探索这个山洞可能会找到有关火星生命的蛛丝马迹。

有时你会在洞穴里待上好几天，睡在洞穴里是什么感觉？

我现在已经习惯了！我有自己的睡袋和枕头，还有其他装备。不过，在日照匮乏的环境下待上三四天后，我会开始暴躁不安，因为我的大脑没有得到日光的补给。为此，我会把彩色小灯串放在洞里，挂在我的帐篷背后，这会稍微弥补没有日照的缺陷。洞穴里没有地方上厕所，所以我们必须在袋子里解大手，在瓶子里解小手。而且，如厕后还不能洗手，因为脏水无处可去，人为制造的脏水会破坏洞穴里原本的生态环境。我们一般会用湿巾和手部消毒液来尽量擦净脏手。住在洞穴里会面临很多卫生难题，这让很多人崩溃。

你在洞穴里见过什么很酷的生物吗？

我们所到之处都深入洞穴，那里没有食物和光照，鲜有生物存在，也不易发现它们。但是在入口处，我们会看到很多生物。在墨西哥和巴西，洞穴入口处有许多可怕的爬虫。在中国，有一种被我们称作"毛屁屁"的生物生活在洞口处。那是一种很大的蜈蚣，有着很长的腿支棱出来。这种蜈蚣会被热量吸引，所以当你站在石头旁边的时候，它们就会爬到你的背后。它们真的很可怕，看起来毛茸茸的，虽然那只不过是它们密集的腿罢了。

你会感到恐惧吗？

我会感到恐惧。如果丝毫不害怕，反而不正常。在新西兰，当我踩在一块和马一样大的巨石上时，脚下的石头忽然坠塌下去。我想要跳开，可惜跳开的速度并不够快，然后我的胳臂就这样摔伤了。最后，我不得不在医院待了三天，真的太吓人了！我们总是在做很可怕的事情，比如我们会去往一个从未被探索过的洞穴顶部，从顶部进入未知的洞穴。洞穴大概有60米深，我们必须在初次进入的时候用绳子拴住身体，再慢慢地沿穴壁盘旋而下。

年轻人如何进行洞穴探险？

我会推荐年轻人加入洞穴探险俱乐部，在英国有很多这样的俱乐部。一旦你加入进去，俱乐部负责人就会开始带你去探索一些难度比较小的洞穴，教你如何安全地探索。你可以向他们借装备，比如绳子和梯子，这样就不用自己买了。你还可以参加童子军等组织，一起去洞穴探险。我们为了让年轻人对洞穴探险产生兴趣做了很多努力。在探索洞穴时，你会踩得泥水四溅，污泥会没过脚趾。去试一次吧，你会立马知道自己究竟是否喜欢洞穴探险。

对那些对科学工作感兴趣的人们，你有什么建议吗？

当你想在科学界拥有一份工作时，你需要考虑自己想要去做什么，而不是你想要成为什么样的人。我有一个曾经想要成为牙医的朋友，但是当知道自己一整天都要把手放到别人嘴里时，他瞬间感到兴趣索然！所以，还是去做自己感兴趣并且喜欢的事情吧，这样的你会找到新的方向。

机器人可以骑骆驼吗？

中东地区的赛骆驼可以追溯到几千年前。最初，是由年轻的男孩们骑着骆驼来比赛，其中许多人都是奴隶。自2004年来，由于让儿童担任骑手是非法行为，因此，骆驼现在由机器人骑行。人们可以用遥控器来操控机器人骑手，让它用鞭子和对讲机来鞭策骆驼前行。

在风暴中滑翔是什么体验？

2016年7月，运动员肖恩·麦科马克（Sean MacCormac）在风暴中滑翔。他以高达209千米/小时的速度急速下降。他最终打开降落伞，成功降落在3千米之下的美国佛罗里达州，安全着陆。

现存的生物中，有长得像恐龙的吗？

它看起来像不像一头小型的三角龙？其实它是一只杰克森变色龙。它们原产于肯尼亚和坦桑尼亚，在那里它们以爬虫为食。在繁殖季节，雄性变色龙会用它们的角来互相争夺雌性。

巨型机器人（超级机甲）有多厉害？

名为"Method-2"的巨型机器人有4米高，由单人坐在驾驶
舱里进行控制。Method-2可以帮助我们探索危险的环境。